市场营销沙盘模拟教程

何　伟　主编

张恩广　赵盼红　牛俊杰　副主编

康元华　主审

電子工業出版社

Publishing House of Electronics Industry

北京 · BEIJING

内 容 简 介

本书依托"ITMC 市场营销综合实训与竞赛系统"（4.0 版本）平台，以仿真的企业经营管理环境和运营操作流程为主线，分为五大模块：模块一，走进市场营销沙盘的世界，了解市场营销沙盘模拟企业经营过程；模块二，市场营销沙盘操作基础，掌握市场营销沙盘模拟企业经营规则及流程；模块三，制定经营战略，领会企业的经营管理技巧；模块四，市场营销沙盘实战模拟，体验模拟生产企业经营与管理；模块五，解密市场营销沙盘经营，掌握企业经营的本质。本书简洁、精炼，便于理解，在准确阐明市场营销沙盘模拟企业经营的理念和规则的同时，力求操作体系全面、完整、准确，具有很强的实用性。

本书可作为职业院校市场营销专业、电子商务专业及其他商贸类专业学习市场营销相关知识的教材，也可作为市场营销爱好者、创业者的自学用书，还可供准备参加全国职业院校技能大赛高职组市场营销技能赛项比赛的教师、学生参考。

图书在版编目（CIP）数据

市场营销沙盘模拟教程 / 何伟主编 . —北京：电子工业出版社，2019.1
ISBN 978-7-121-35671-1

Ⅰ . ①市… Ⅱ . ①何… Ⅲ . ①市场营销学－高等职业教育－教材 Ⅳ . ① F713.50

中国版本图书馆 CIP 数据核字（2018）第 271132 号

策划编辑：陈 虹
责任编辑：陈 虹
印　　刷：涿州市京南印刷厂
装　　订：涿州市京南印刷厂
出版发行：电子工业出版社
　　　　　北京市海淀区万寿路 173 信箱　邮编 100036
开　　本：787×1 092　　1/16　　印张：14.5　字数：371 千字
版　　次：2019 年 1 月第 1 版
印　　次：2024 年 1 月第 16 次印刷
定　　价：42.00 元

前　　言

在当前"互联网＋"的时代背景下，创新创业教育受到政府部门、高等院校的高度重视，许多高等院校纷纷成立创业学院，开展创业教育工作。可以作为创业教育前期创业认知的基础教育的市场营销沙盘模拟经营，通过采用虚拟模拟训练的模式，对宏观环境、行业特性、消费者特征及购买行为、市场竞争的仿真模拟，构建虚拟运营的博弈环境。每4人组成一个经营团队，模拟经营一家资金充裕、银行信誉良好、有一定运营基础的制造型企业。各个虚拟生产企业在动态的经营环境中与竞争对手进行经营博弈，企业经营者通过不同市场、不同时期的各种竞争策略的制定、调整、完善并且成功实施，寻求营销组合的最优化，实现最小投入和市场份额最大，从而达到利润最大化。

虚拟企业的运营是一次困难而有意义的经营博弈历程，能够提高经营者正确分析和解决市场营销管理问题的能力，开拓创新思维，激发创业意识。经营者想要在众多虚拟企业中脱颖而出就必须进行经营创新，企业经营创新就是需要根据市场环境、竞争对手状况一点点去改变。但是这样的"一点点去改变"却需要极大的信仰追求和耐心，需要长远规划、坚持推进！不断的改变与完善自我并且需要不断的坚持才能真正实现企业经营创新。

ITMC市场营销综合实训和竞赛系统（简称市场营销沙盘）是由中教畅享（北京）科技有限公司研发的生产企业经营模拟仿真软件，该系统对于提升学生的决策能力、分析解决问题的能力、团队协作能力及创新思维能力等方面具有很好的作用。自2013年问世以来，以市场营销沙盘为平台的全国职业院校技能大赛已经成功举办7届，国内很多高校开设了市场营销沙盘模拟课程。特别是2014—2019年，"市场营销沙盘系统"成为全国职业院校技能大赛高职组市场营销技能赛项的一个重要组成部分，参赛院校已达数百所之多。

本书就是针对ITMC市场营销沙盘（ITMC市场营销综合实训与竞赛系统4.0版本）编写的，可作为职业院校市场营销专业、计算机专业、电子商务专业及其他商贸类专业的教材，也可作为创业者的自学用书。本书内容文字简洁、精炼、好读、易懂，便于理解；准确阐明了市场营销沙盘模拟企业经营的理念和规则，务求使经营操作体系全面、完整、准确；及时更新相关内容，使本书实用、系统，利于学生循序渐进地学习，具有很强的实用性。

本书由浙江国际海运职业技术学院何伟主编，康元华主审，张恩广、赵盼红、牛俊杰任副主编，中教畅享（北京）科技有限公司王晓东，舟山欣怡电子科技有限责任公司方杰参与了本书的编写。主编自 2013 年开始从事市场营销沙盘教学和指导学生参加市场营销沙盘相关职业技能竞赛，获得国赛一等奖 4 项，二等奖 1 项，积累了比较丰富的教学经验，为了更好地满足课程的需要，结合指导学生的实际情况，同时参考了相关教材和文献，编写了本书。在此，向所有被引用文献的著作者，以及给予我们指导和帮助的专家学者表示衷心感谢。本书为浙江省教育科学规划课题：互联网＋背景下高职微创业模式探索与实践（2018SCG271），浙江省高等教育十三五教学改革项目：基于互联网＋的高职院校顶岗实习教学质量过程控制研究——以港贸物流专业群为例（jg20180855）的成果之一。

由于编者水平有限，书中难免有缺陷和疏漏之处，恳请专家、读者批评指正！

编　者

目　　录

模块一　走进市场营销沙盘的世界

新手上路：在路上，在学习的路上，在生活的路上，在人生的路上，我不知道什么是成功，但我知道什么是失败，放弃就是失败，不放弃就有希望；坚持，就能成功！

任务一　认识市场营销沙盘

学习目标

1. 知道市场营销沙盘的含义与模型
2. 明确学习市场营销沙盘的意义
3. 了解市场营销沙盘的组成架构

一、认识市场营销沙盘

沙盘起源于军事，是高级指挥官模拟战场地形，研究敌情，组织作战方案，进行战略部署的工具，具有直观、形象、一目了然、易于把控全局的特点。沙盘教学于20世纪初被引入哈佛商学院MBA教学中，通过实物模型直观地了解企业经营的全过程，通过游戏的方式让学员在模拟企业经营决策的过程中，体验得失、总结成败，增强对企业经营和管理的感性认识。

在当今"互联网＋"的时代背景下，商场如战场，如果只凭借想象来描绘如何管理企业，无疑是"空穴来风";如果在每一门课程中展现企业的一个局部现状,也会让学习者感到"只见树木,不见森林"。只有将一个企业的各关键部门的运作,提炼成一个虚拟企业环境,让学习者模拟整个企业的日常经营过程中的管理活动,进行实际演练,才可以避免前述的片面学习方式。这就是市场营销沙盘的由来,本书基于中教畅享(北京)科技有限企业(ITMC)的市场营销沙盘系统(市场营销综合实训与竞赛系统 4.0 版)编写而成。

【小思考】

你见过什么沙盘,其有何作用?

中教畅享(北京)科技有限企业(ITMC)研发的市场营销沙盘系统通过对企业营销与策划的模拟,将企业运营中普遍应用的营销知识、工具、模型、方法与国内外成功企业的营销策划经验融入虚拟企业的经营管理中,使经营者在模拟经营中快速掌握营销策划这一实践性极强的学科知识,并使复杂、抽象、枯燥的营销策划理论知识趣味化、生动化和形象化。让经营者在游戏般的训练中体验完整的企业经营过程,感悟正确的经营思路和管理理念。

市场营销模拟经营由 4 人组成一个团队来经营一家虚拟企业,每人分别担任企业总裁(CEO)、营销总监(CSO)、运营总监(COO)、财务总监(CFO)等重要职位,可以根据实际需要增设直销经理(KCM)、批发经理(CSM)和零售经理(TSM)。老师可将全班经营者分成若干个组,然后系统根据分组数,自动生成共同市场环境下的若干个虚拟企业,在一定的规则下从事企业经营的活动。市场营销沙盘盘面示意图如图 1-1 所示。

在经营过程中,经营团队需要展开市场调研、分析市场信息,在资源受限的条件下进行财务核算,制定一系列的经营策略,如产品研发、生产线购买、组织生产与销售等。由于各虚拟企业是在动态的经营环境中与竞争对手展开竞争,因此还需要经营团队能够根据环境的变化来调整企业的营销策略,通过策略的成功实施来获取竞争优势,为企业创造价值。

二、市场营销沙盘模拟的作用

市场营销沙盘不仅可以让经营者从战略高度来观察市场营销活动的全貌,而且还可以亲身体验市场营销活动主要环节的执行过程。通过团队成员各个虚拟角色之间的沟通与配合,学会如何利用团队力量解决实践中会遇到的各种典型问题。

(一)提高经营者学习兴趣,增强教学效果

市场营销沙盘具有互动性、趣味性、竞争性特点,能够最大限度地调动学生的学习兴趣,使学生在培训中处于高度兴奋状态,充分运用听、说、学、做、改等一系列学习手段,开启一切可以调动的感官功能,对所学内容形成深度记忆。

市场营销沙盘在虚拟环境下模拟真实企业的经营,经营者通过角色扮演、团队组建等环节,切身感受企业的真实经营过程。在市场营销沙盘学习过程中,无论是在营销战略、战术、作业等层面的决策还是其实施,经营者均会遇到各种各样的问题,通过团队成员的不断交流、讨论解决问题,进而获得一种成就感,经营者的学习态度也逐渐由被动接受转变为主动学习,不断激发经营者的学习兴趣。

图1-1　市场营销沙盘盘面示意图

市场营销沙盘将抽象的理论知识转化为具体的可操作的实践内容，通过对市场营销沙盘的亲自操作，将书本上枯燥的理论内容具体化、情景化和过程化，经营者得到的不再是空洞乏味的概念、理论，而是极其宝贵的实践经验和深层次的领会与感悟，真正达到做中学、学中做，将理论知识、实践技能、态度融为一体，进而提高教学效果。

（二）培养经营者综合素质，增强职业竞争力

在引入市场营销沙盘后，经营者可以将理论的基础知识转化为可操作的模拟经营过程。通过团队建设，培养经营者团队合作能力、综合分析判断能力，提高经营者的综合素质；通过角色扮演，使经营者清楚地了解与掌握企业经营中各工作岗位的内容与技能，逐渐适应日后工作的职业环境，与此同时，经营者的职业能力、精神及道德等也得到了不断培养。在企业模拟运作过程中，经营者既可以从战略高度来观察市场营销的全貌，也可以亲身体验市场营销活动主要环节的执行过程。通过团队成员各个虚拟角色之间的沟通与配合，学习如何利用团队力量解决实践中遇到的各种典型问题，使经营者具备毕业即就业的能力，增强经营者的职业竞争力。

（三）改进实践教学手段，提高教师实践教学能力

市场营销沙盘是对企业营销操作经营过程的高度仿真模拟，这种教学模式对教师的实践教学能力提出了更高的要求。教师需要打破传统的教学观念和教学模式，既要将基础理论的知识融入到市场营销沙盘的实践教学中，又要让经营者区分出模拟和现实经营的差异，活学活用。在应对和处理实践教学中遇到的各种问题的同时，教师的实践教学能力、业务水平也得到进一步的提高。

【小思考】

你准备如何参与市场营销沙盘模拟经营的学习和实践活动？

三、市场营销沙盘的组成架构

市场营销沙盘系统盘面主要由营销与规划、生产组织、采购与库存管理和会计核算与财务管理构成。每个虚拟企业通过操作市场营销沙盘经营流程（任务列表）、特殊任务和特殊任务信息 3 个业务模块，完成每一阶段的虚拟企业运营过程。

市场营销沙盘经营流程模块由市场部、直销部、批发部、生产部、零售部和财务部 6 个部分组成，如图 1-2 所示；特殊任务模块包括产品型号管理、生产线变卖、生产线转产、生产线搬迁、厂房租转买、厂房变卖、厂房退租、紧急采购、库存调拨、贴现、追加股东投资；特殊任务信息模块包括市场预测图、现金流量表、各组财务报表、市场占有率、直销中标公示、直销订单信息、招商广告信息、批发订单信息、媒体中标信息、零售订单信息、各组零售订单、产品库存信息、零售商库存信息和企业信息等。

图1-2　市场营销沙盘经营流程

任务二　组建团队

学习目标

1. 掌握虚拟企业的各个岗位职责
2. 结合岗位职责根据个人特长选择其擅长的岗位
3. 组建企业经营团队，建立协调沟通机制

一、模拟企业组织架构

一个企业组织要保证有执行力，必须做到"事事有人做，事事都做好"。市场营销沙盘将企业的组织结构进行简化，根据日常事务安排，模拟企业相应设置了企业总裁（CEO）、营销总监（CSO）、运营总监（COO）、财务总监（CFO）4 个主要岗位，体现了企业经营活动的主要环节：目标市场选择与定位、竞争策略分析与执行、营销活动策划与组织、成本核算与财务分析等，是一个传统生产企业的缩影。模拟生产企业组织结构图如图 1-3 所示。

图1-3　模拟生产企业组织结构图

【小思考】

你适合什么岗位的工作，为什么？

二、企业中各个角色的岗位职责

模拟企业和真实企业一样，设置了企业总裁、营销总监、运营总监、财务总监等重要岗位，这些岗位对企业的绩效有重大影响。

1. 企业总裁的职责

企业总裁是企业的总负责人，是整个团队的领导者和带头人，对企业全局业务全面负责。

（1）企业总裁对企业的一切重大经营运作事项进行决策，包括企业定位、经营策略、财务、

业务范围（产品开发与市场选择）等。

（2）制定发展战略，分析竞争格局，确定经营指标，制定业务策略。

（3）主持企业的日常业务活动，负责企业运营。

（4）全面预算管理，合理分配资金，负责项目的投融资计划，以及审核财务状况。

（5）管理团队协作，企业绩效分析，定期报告运营情况，提交季度报告、年度报告，分析企业盈利（亏损）状况。

注意：在市场营销沙盘模拟中企业总裁发挥最大职能，当团队在模拟经营中意见相左时，由公司总裁拍板决定。

【议一议】

作为新任管理层，你们准备如何经营该企业？（可参考图1-4所示）

_____

_____

_____

_____

_____

图1-4　参考图

2.营销总监（CSO）的职责

扩大销售并及时收回货款才能使企业实现利润，赢得生存和发展的机会。实现营业收入是企业生存和发展的关键。营销总监所担负的责任是透彻了解市场需求、满足市场需求、开拓市场和实现销售。

（1）市场调查分析，及时掌握每个市场产品需求和价格的变化情况，对相关信息资料进行收集、整理、归纳，并编制原料采购计划。

（2）参与制定企业的营销战略，根据营销战略制定企业产品营销组合策略和营销计划，经批准后组织实施。

（3）收集市场销售信息，了解竞争对手的销售数据，推测对手的经营策略。

（4）合理制定促销策略，合理投放媒体广告。

（5）定期对市场营销的环境、目标、计划、业务活动进行核查分析，及时调整销售策略和计划，制定预防和纠正措施，确保企业已生产产品能够取得匹配的客户订单，完成营销目标和营销计划。在稳定企业现有市场产品销售情况下，积极拓展新市场、新产品销售渠道。

（6）与运营部门沟通，确保按时交货，监督货款的回收，并进行销售绩效的分析。

在人员充足的前提下，营销总监可以增加一个助手，即"商业间谍"。商业间谍主要负责市场调研工作，掌握其他企业的经营信息，以帮助领导决策。在市场营销沙盘模拟经营过程中，每个小组可以有意识地安排一名同学，监控竞争对手的情况，明确竞争对手的动向，学会如何获取竞争对手的信息，将信息加工整理反馈给营销总监或者企业总裁，从而为企业战略、战术发展提供参考依据。通过商业间谍岗位的模拟，使经营者认识到社会竞争中可能存在商业间谍，并学会防范。

【议一议】

商业间谍该如何工作？

_____

_____

_____

_____

_____

_____

3. 运营总监（COO）的职责

运营总监是企业生产部门的核心人物，对企业的一切生产活动进行管理，并对企业的一切生产活动及产品负最终的责任。运营总监的主要工作是通过计划、组织、指挥和控制等手段实现企业资源的优化配置，创造最大的经济效益。

（1）计算产能和可销售量：在营销总监投放广告前，按照不同生产线和产品品种计算全年产量。

（2）制订生产计划并组织生产：根据获取订单情况、原材料供应情况和生产线状态，编制全年生产计划，组织生产并维持生产低成本稳定运行（合理利用应付账款，如适当采用批量采购缓解资金压力）。

（3）调整产能和购置生产线：做好生产车间的现场管理，根据营销规划和财务状况购置新生产线，协调处理好外部工作关系。

（4）研发新产品：根据企业总体战略，组织新产品研发，扩充并改进生产设备，不断降低生产成本。

（5）厂房管理：购买或租赁厂房。

（6）库存管理：对原材料和成品库存进行管理，避免原材料和成品积压。

4. 财务总监（CFO）的职责

如果说资金是企业的"血液"，那么财务部门就是企业的"心脏"。财务总监的职责主要是负责资金的筹集管理；做好现金预算，管好、用好资金。

（1）在企业总裁的领导下处理企业核算、监督、管理等财务工作，对企业的销售经营、资金运行情况进行核算。

（2）制定财务预算：计算每年度各部门的现金支出和现金回流情况，做好现金预算。

（3）融资规划：通过短期贷款和长期贷款来缓解资金压力，保障企业发展。

（4）费用预算：通过全年的费用和销售毛利对比，预算企业的盈利状况。

（5）现金控制：根据现金预算、采用经济有效的方式筹集资金，将资金成本控制到较低水平并做好现金流量记录表。

（6）编制报表：每年度结束时按需求支付各项费用、核算成本，按时报送财务报表并做好财务分析。

（7）成本分析和财务分析：对企业的综合财务状况进行分析。

三、根据岗位职责组建团队

没有完美的个人，但是可以有完美的团队。每个人都有不同的天赋特质，团队管理者必须了解团队成员的个性特征和行为方式，才可以将正确的人放到正确的位置做正确的事，挖掘每个成员的潜能，从而有效地提升员工的绩效。同时，团队成员之间通过了解彼此的性格行为特征，才可以认识差异、有效沟通、避免或化解冲突，在互信和互动的基础上团结协作、优势互补，使团队发挥出"1+1+1+1>4"的整体合力，形成高效团队。

1. 招兵买马（组建经营团队）

通过经营者自荐或者老师推荐，有意向竞选当年的经营者上台发布竞选企业总裁演讲，全班投票推选出 10 位。然后各位通过宣讲自己的经营思路或经营理念，招兵买马，组建各自的虚拟企业。一般将一个教学班级的成员分为 10 组，每一组为 4 人，这样教学现场就组成了 10 个互相竞争的模拟企业。每个团队在企业经营开始之前应确定自己企业的名称，用一句话概括自己的企业宗旨和经营理念。

在组建经营管理团队时主要应该注意以下几个方面。

（1）能力互补。团队是紧密合作的关系，团队成员要信息共享，强调集体绩效。团队成员之间可以用性别、性格、成绩和行为方式等进行互补。

（2）责任明确。团队的责任强调个人责任，也强调集体责任。团队有总体目标，有明确的分工，每个团队成员并非只是简单地做完自己的本职工作，还需要承担集体责任。

（3）目标清晰。团队应该有清晰的目标，这个目标就是团队存在的理由。每个团队成员都需要对这一团队目标做出承诺。

（4）相互信任。每个团队成员应开诚布公地说出自己的感受，用语言和行动来支持自己的团队，经营中体现公平，既为自己也为别人的利益工作，表现出自己的才能。

2. 角色分工与岗位认知

团队是一个集体，分工明确，讲求效率，在处理事务时尽可能达到预期效果。每个经营团队成立后，由本企业的总裁发表就职演说。小组内部自行讨论，根据每一个人的特点，确定个人扮演的角色及其承担的任务，并按照要求进入各个部门。各个角色对自己的岗位职责建立清晰的认识，根据工作分工和工作现场做位置调整。

企业总裁（CEO）是企业的领头人，要有一定的领导能力，富有主见，善于团结，对团队工作全面负责，能够公平、公正地对待团队的每一个成员。

财务总监（CFO）要认真仔细，肯吃苦，工作有条理，认真负责。

营销总监（CSO）要头脑灵活，反应机敏，善于观察，判断力强。

运营总监（COO）要态度认真，勤于动手，做事有条理，善于思考。

【做一做】

现在你们是一个团队，有了自己的企业。请你们发挥奇思妙想，为自己的企业取个名字，为自己的团队设计一个响亮的口号，先声夺人！并将你们的创意（企业概述）记录在表1-1中。

表1-1　企业概况

企业名称			组别	
创业口号				
团队分工	职务	姓名	主要职责	
主要成员	企业总裁（CEO）			
	营销总监（CSO）			
	运营总监（COO）			
	财务总监（CFO）			

组建企业管理团队后，企业管理团队将领导企业未来的发展，在变化的市场中进行开拓，应对激烈的竞争。企业能否顺利运营下去取决于管理团队正确决策的能力。每个团队成员尽可能利用自己的知识和经验做出决策，不要因错误行动而陷入混乱。

经过几次完整的模拟操作后，团队成员之间有了更深刻的了解，可以根据成员特点，调整岗位，力求每一个人都能各展所长，人尽其才。也可以按年更换岗位，体验不同的工作，有利于每个人对不同岗位的认知，进行个人职业定位。

【玩一玩】

如何做决策

决策是企业管理中的一项重要活动，是管理的核心，管理功能实质上是决策方案实施过程的体现。因此，决策贯穿于管理过程的始终，也是组织中各级、各类管理人员的主要工作，只是决策的重要程度或影响范围不同而已。决策具有目标性、选择性、满意性、过程性、动态性、可行性的特点。当某人拿到一个项目，他需要根据决策的特点，确定项目的目标，然后制定出让企业满意、可执行的、可多重选择的决策。

在棋界有句话："一着不慎，满盘皆输；一招占先，全盘皆活"。这句话喻示了一个道理，即无论做什么事情，成功与失败取决于决策的正确与否。科学的经营决策能使企业充满活力，兴旺发达，而错误的经营决策会使企业陷入被动，濒临险境。

下面针对如何制定决策这一话题，我们一起来做个游戏：决策模拟——合同执行决策。

经过多次谈判后，甲乙两家企业达成了一个一揽子交易合同，合同分6笔交易。在实施合同的过程中，双方通过以下的市场规则（以出红黑牌为例，红牌为守约；黑牌为欺诈）。

规则1：6笔交易要一笔笔地做，做完一笔再做下一笔。

规则2：每一次交易双方要同时出牌。若双方均为红牌，则各得利润20万元；若双方均为黑牌，则双方各亏30万元；若一方为红，一方为黑，则红方亏50万元，黑方得50万元。其中，第三年和第六年损益值要加倍。

决策目标：为股东赢得最大的利润。

游戏目标：在模拟比赛中胜出，即在参加模拟的各小组中获得盈利最多的小组胜出。

模拟练习方式：每组人数为4~5人，模拟董事会；

每项决策由董事会成员集体表决做出；

由各小组自由选择交易对象，分对进行模拟。

模拟练习时间：决策10分钟，组内总结5分钟。

决策练习步骤：组建决策模拟小组；各自画好表格（见表1-2），以便记录交易过程和结果；交易双方各自写下决策思维过程；在第三方的协助和公证下进行交易，做完一笔再做下一笔，并可委托第三方记录下每一笔的交易结果；整个交易结束后，双方先各自总结经验教训，然后全班集中进行交流。

表1-2　决策模拟记录表

交易双方	第一年	第二年	第三年加倍	第四年	第五年	第六年加倍
甲方	决策：	决策：	决策：	决策：	决策：	决策：
甲方	损益：	损益：	损益：	损益：	损益：	损益：
乙方	决策：	决策：	决策：	决策：	决策：	决策：
乙方	损益：	损益：	损益：	损益：	损益：	损益：

甲方得分：　　　　　　　　　　　　　　　　　　　　　乙方得分：

总结交流：从决策过程、经验教训和所得启示3个方面展开。

_____

_____

_____

任务三　经营模拟企业

学习目标

1. 了解模拟企业现状，包括企业现在所处内外部环境、机会与挑战等
2. 理解企业将来发展的方向和决策管理的重点
3. 能够经营一家模拟企业

A 企业是一家新成立不久，总部设立在中国某市的生产制造型企业，该企业以设计、生产 P1 产品为主营业务。企业资金充裕、银行信誉良好，拥有 4 条生产线（两条半自动生产线、一条全自动生产线和一条柔性生产线）生产 P1 产品，在南部市场有一定的销售基础，企业一直致力于倾听客户的需求，提供客户所信赖和注重的创新技术与服务。随着决定资源分配的市场宏观环境日益稳定，企业逐渐意识到营销能力已成为企业发展的瓶颈，如何建设营销队伍，如何精细地进行市场分析，如何精确地选择目标市场，紧跟市场变化，如何有效制定最佳的营销策略组合，赢得市场先机，取得市场份额，已经成为企业迫切需要解决的问题。

股东希望新的团队可以通过不断分析市场变化，不断研发新型产品，在市场博弈中能脱颖而出，为股东获取更多的利润。

一、企业财务状况

所谓财务状况，是指企业资产、负债、所有者权益的构成情况及其相互关系。企业的财务状况由企业对外提供的主要财务报告——资产负债表来表述，具体如表 1-3 所示。

资产负债表是根据资产、负债和所有者之间的相互关系，即"资产 = 负债 + 所有者权益"的恒等关系，按照一定的分类标准和一定的次序，将企业特定日期的资产、负债、所有者权益三项会计要素所属项目予以适当排列，并对日常会计工作中形成的会计数据进行加工、整理后编制而成的，其主要目的是反映企业在某一特定时期的财务状况。通过资产负债表，可以了解企业所掌握的经济资源及其分布情况，了解企业的资本结构，分析、评价、预测企业的短期偿债能力和长期偿债能力，从而正确评估企业的经营业绩。

表1-3　资产负债表　　　　　　　　　　　　　　　　　　单位：万元

资产负债表							
资产				负债及所有者权益			
项目	表达式	上年金额	当年金额	项目	表达式	上年金额	当年金额
流动资产				流动负债			
货币资金	+	771	771	短期借款	+	0	0
其他应收款	+	0	0	应付账款	+	18	18
应收账款	+	180	180	预收账款	+	0	0
存货：				应交税费	+	23.25	23.25
原材料	+	40	40	流动负债合计	=	41.25	41.25

续表

资产负债表							
资产				负债及所有者权益			
项目	表达式	上年金额	当年金额	项目	表达式	上年金额	当年金额
在途物资	+	0	0	非流动负债			
在制品	+	80	80	长期借款	+	800	800
库存产品	+	240	240	非流动负债合计	=	800	800
发出产品	+	0	0	负债合计	=	841.25	841.25
流动资产合计	=	1311	1311	所有者权益			
非流动资产				实收资本	+	1000	1000
固定资产原价				未分配利润	+	69.75	69.75
土地和建筑	+	320	320				
机器和设备	+	280	280				
减：累计折旧	−	0	0				
固定资产账面价值	=	600	600				
在建工程	+	0	0				
非流动资产合计	=	600	600	所有者权益合计	=	1069.75	1069.75
资产总计	=	1911	1911	负债和所有者权益总计	=	1911	1911

二、企业的经营成果

　　企业在一定期间的经营成果表现为企业在该期间所取得的利润，它是企业经济效益的综合体现，由利润表（又称损益表或收益表）来表述。利润表是用来反映收入与费用相抵后确定的企业经营成果的会计报表，即反映企业生产经营活动的成果（净利润的实现情况）。利润表的项目主要分为收入和费用两大类。在市场营销沙盘中，利润表如表1-4所示。

表1-4　利　润　表　　　　　　　　　　　　　单位：万元

利 润 表			
项目	表达式	上年金额	当年金额
营业收入	+	360	
减：营业成本	−	125	
税金及附加	−	0	
销售费用	−	26	
管理费用	−	76	
财务费用	−	40	
营业利润		93	
加：营业外收入	+	0	
减：营业外支出	−	0	
利润总额	=	93	
减：所得税费用	−	23.25	
净利润	=	69.75	

　　注：表中"税金及附加"项为"营改增"之后的叫法，下同。

【试一试】

你能找出其他团队在表 1-3、表 1-4 上的填写错误吗？

三、新管理层接手企业

从利润表（见表 1-4）中可以看出，企业上一年盈利 69.75 万元，利润增长缓慢。生产设备落后，产品单一，企业管理层长期以来墨守成规，导致企业缺乏必要的活力，目前虽尚未衰败，但已停滞不前。鉴于此，企业董事会及全体股东决定将企业交给一批优秀的新人去发展，他们希望新的管理层能够把握时机，抓住机遇，开发新产品，使企业的市场地位得到进一步提升，在广泛开发国内市场之际，积极开发本地市场以外的其他新市场，进一步拓展市场领域，扩大生产规模，采用现代化生产手段，努力提高市场效率，全面带领企业进入快速发展阶段。

模拟企业设置了企业总裁、营销总监、直销经理、批发经理、零售经理、运营总监和财务总监 7 个角色，如图 1-4 所示。经营者团队以企业总裁的身份进入系统，修改密码，然后就可以准备经营一家模拟企业了。

图1-4　企业运营角色选择

企业经营管理涉及企业的战略制定与执行、市场营销、采购与生产管理、财务管理等多项内容。在企业中，这些职能是由不同的部门履行的，企业经营管理过程也是各职能部门协同工作、共同努力实现企业目标的过程。

新管理层上任后的首要问题是认真思索以下问题。

（1）我们想成为什么样的企业？企业的经营目标和宗旨是什么？（如销售收入目标、利润目标等）

企业的目标是大企业还是小企业，生产产品是多品种还是少品种，市场开拓的是大众市场还是小众市场，是努力成为市场领导者还是追随者。

（2）倾向于何种产品、何种市场？准备何时实现？如表 1-5 所示。

表1-5　市场、产品组合

	南　部	东　部	中　部	西　部	北　部
P1	当前位置				
P2					
P3					
P4					

　　在资源有限的约束条件下，在很多情况下，放弃也是一种美。放弃比不计代价地扩张更明智。打完江山后，应该想的是如何保江山。这句话本身无可厚非，但应该注意的是，我们要保的是有价值的江山。对于那些竞争激烈、利润空间小的市场要敢于放弃，根据自己的产品组合和竞争状况寻找新的市场，不断地"丢芝麻，捡西瓜"。不可能全面开花、面面俱到，因此要选取重点市场和重点产品。

　　（3）希望发展到多大的产能？铺设什么样的生产线？准备何时实现？产能规划如表1-6所示。

表1-6　产能规划　　　　　　　　　　　　　　单位：条

	目　前	第　一　年	第　二　年	第　三　年
半自动生产线	2			
全自动生产线	1			
柔性生产线	1			

　　生产线是产品加工的载体，市场营销沙盘有半自动、全自动和柔性3种生产线。生产线不同，购置价格、生产效率、折旧费用及转产灵活性都各不相同。因此，生产总监应会同财务总监、营销总监及依据本企业的发展经营战略和财务状况选择恰当的时机投资恰当的生产线。具体来说，为了有效扩大生产能力，你需要思考并回答购置什么样的生产线，以及什么时候购买和购买多少。需要考虑以下因素。

　　① 产品研发周期。如P2、P3、P4产品研发周期需要3个季度，则为了避免生产线闲置，生产线投资一定要与研发相对应。

　　② 生产线的折旧。生产线的折旧影响企业的权益，而权益又决定了企业融资规模的大小和是否破产等。因此，生产线的折旧直接影响着企业的财务状况。由于当年建成的生产线，当年不提折旧，所以在财务状况紧张的时候更应考虑生产线的投资时机。

　　③ 生产线的种类组合需要考虑产品研发的种类及市场开拓的情况。如果采取积极扩张的战略，则倾向于全自动和柔性的生产线；如果采取稳健发展的策略，则可考虑半自动和全自动生产线，并控制生产线的数量。

　　在实际操作中，柔性生产线是一把双刃剑，它的优点在于可以拥有灵活的产品生产组合，方便营销总监接取订单。然而，缺点也很明显：首先，其投资成本较高，折旧费用较大；其次，柔性生产线的存在对于原材料采购、生产都产生了一定的影响。因此，生产线组合及安装的前提是制定合理、详细的企业发展战略，做好企业的现金预算分析，这样才能保证生产线选择的合理。

（4）想什么时候融资，融多少？融资计划如表 1-7 所示。

表1-7　融资计划 单位：万元

	目 前	第 一 年	第 二 年	第 三 年
长期贷款	800			
短期贷款	0			
民间融资	0			
贴现	0			

现金流是企业生存的命脉，企业失去现金流将意味着倒闭、破产。融资的方式有很多，长期贷款、短期贷款、应收款贴现、出售厂房和设备等，还有高利贷（民间融资），但高利贷方式应尽量避免使用。每种融资方式的特点和适用性都有所不同，要根据企业的发展规划，做好融资计划，以保证企业的正常运转。切不可因小利而影响到整个规划的实施。

值得注意的是，融资手段不应过于单一，而应是多种融资手段的最佳组合。如何巧妙地处理各种融资手段之间的关系，以最低的成本获取最合适的融资是财务总监的重要职责。例如，作为企业主要融资手段的长期贷款，费用成本高于短期贷款，但还款压力较小；短期贷款的利息成本较低，但还款压力较大，尤其是在前期，企业的权益可能下降较大，从而影响企业的贷款能力。因此，需要对企业的经营战略、运营状况做一个长期的、细致的分析，才能正确把握贷款时机并合理确定调整长短贷之间的比例关系，在满足现金需求的情况下，使总的费用成本降到最低。

资金贴现是企业为缓解暂时性资金紧张而采取的融资方式，其前提是要有应收账款。在实际操作中，应注意贴现的比例。一般来讲，应该首先考虑贴现账期较长的应收账款。

民间融资是市场营销沙盘中费用成本最高的一种融资方式，对企业的权益损失较大，甚至可能使企业财务状况进一步恶化。因此，一般不提倡使用，尽量优先考虑其他的融资方式和途径。只有在迫不得已的情况下，才考虑此种融资方式。

在开始实际操作前，每个管理团队都应对上述问题进行深入探讨并达成共识。

经营之后，需要反思我们的行为，聆听指导团队成员根据现场数据所做的点评，分析实际与计划的偏差及其原因，并对战略做出必要的修正。

【思考与探究】

模块内容：	学号：	姓名：	班级：	年　月　日

1.　通过本模块学习你学到了什么：

2.　你准备如何参与市场营销沙盘模拟经营活动？

3.　你认为每个角色在行使其职能时，如何来避免工作的盲目性？

4.　"利润最大化"是企业经营的唯一标准，你认同这种观点吗？为什么？

5.　你需要进一步的了解或得到解答的问题是：

6.　教师的授课方法对你的学习是否有帮助？

7.　为了更好地教与学，你有何建议？

模块二　市场营销沙盘操作基础

只有懂得规则，才能游刃有余。

只有认真对待，才能获得收获。

只有积极参与，才能分享成就。

思路决定出路，格局决定结局。

只有善于思考和总结的人，才能获得最大的收获与提高。

任务一　学习经营规则

学习目标

1. 掌握经营规则的内容，能正确解读各项规则
2. 掌握相应岗位规则的内容，理解其具体操作方法
3. 了解其他岗位规则的内容、操作方法

正所谓"没有规矩，不成方圆"。在市场营销沙盘经营活动中，企业根据特定的市场环境从事生产经营活动，企业之间的竞争需要遵循一定的规则。想要在一个开放的市场环境中生存，企业只有懂得规则才能游刃有余。任何企业经营活动要想顺利开展，都必须以理解和遵守规则为前提。深入理解经营规则所包含的内在含义，有利于经营者制定理性的经营策略，提高应对企业经营风险的能力，从而有序开展企业经营活动，甚至经营创新。规则的学习是枯燥的，但也是必要的，只有懂得规则，才能游刃有余。

一、得分规则

企业每运营 4 个季度后，都需要进行关账操作，关账后可以看到本组本年度的财务报表，以及系统根据得分规则自动计算的得分。也就是说，系统计算出来的得分反映的是当年度的企业经营结果，各年度年末的关账得分是独立的。同时，企业可以通过"特殊任务信息"中的"各组财务报表"查看其他小组的经营财务报表。

企业的经营结果为参加竞赛各企业的最后权益、企业可持续发展能力（包括资源状态、生

产能力等），计算总分，再进行综合评分，最后得分最高者胜出。

（一）得分规则描述

$$经营得分＝（1＋总分/100）× 所有者权益 × 追加股东投资比例 \qquad （1）$$

通过对得分规则的解析可以得知，企业经营得分主要与总分、所有者权益和追加股东投资比例有关。一般比赛过程中，企业不允许追加股东投资比例，所以在考虑企业经营得分时主要考虑总分和所有者权益。在平时训练中，为了给新手足够的企业经营操作空间，可以考虑为该企业追加股东投资（该操作由教师端处理，教师可以选择"经营设置"→"操作权限设置"→"允许追加股东投资"命令进行设置）。

从公式（1）可以看出，企业如果想要取得较高的经营得分，必须通过提高总分和所有者权益来实现。竞赛一般以第三年关账后的得分为最终成绩，所以第三年年末的得分决定了企业经营的效果。

（二）得分规则解析

想要做好市场营销沙盘就必须吃透沙盘规则，想要有一个理想的经营结果就必须熟知得分构成，这样才能做到有的放矢，有目的地提升企业的经营状况。

1. 总分

总分一共由 13 个大加分项或 27 个小加分项构成，根据是否可变的特性，又可以分为固定得分项和可变得分项，具体如表2-1 所示。

表2-1　总分的构成项目

类　型	项　目		得　分	关　键　词
固定得分	融资	未借民间融资	+20	未
		未贴现	+20	未
	市场开拓	东部市场开拓完成	+10	开拓完成
		中部市场开拓完成	+15	开拓完成
		北部市场开拓完成	+20	开拓完成
		西部市场开拓完成	+25	开拓完成
	质量认证	ISO9000认证研发完成	+10	认证研发完成
		ISO14000认证研发完成	+20	认证研发完成
	产品研发	P2研发完成	+5	研发完成
		P3研发完成	+10	研发完成
		P4研发完成	+15	研发完成
	生产线	半自动线 /条	+10	在线生产
		全自动线 /条	+15	在线生产
		柔性线/条	+15	在线生产
	厂房	A厂房	+15	拥有
		B厂房	+10	拥有
		C厂房	+5	拥有

续表

类　型	项　目		得　分	关键词
可变得分	营业成本分摊得分=(1-营业成本/营业收入)×100			
	综合费用分摊得分=[1-(销售费用+管理费用)/营业收入]×100			
	资金周转率得分=营业收入/资产总计×100			
	净利润率得分=净利润/营业收入×100			
	资产报酬率（ROA）得分=利润总额/资产总计×100			
	权益报酬率（ROE）得分=净利润/所有者权益×100			
	资金流动性得分	速动比率（QR）=（货币资金+应收账款）/（短期借款+应付账款+应交税费） 流动比率（CR）=流动资产合计/（短期借款+应付账款+应交税费）	-10	CR<1且QR<0.5资金流动性差
			+50	1.5<CR<2且0.75<QR<1资金流动性一般
			+100	CR>=2且QR>=1资金流动性好
	资产负债率得分	资产负债率=(1-负债合计/资产总计)×100		负债

注：营业成本也称运营成本，是指企业所销售产品的成本，即企业生产产品所需花费的直接成本；营业收入是指企业在从事销售产品过程中所形成的经济利益的总流入，也就是销售额；综合费用包括销售费用和管理费用；利润总额指的是税前利润；货币资金指的是企业的账面现金。

企业在经营过程中，一般会将工作重心放在如何扩大销售额、提高利润上，从而得到较高的所有者权益。很多小组以为只要本小组所经营企业的所有者权益最高，就能在该组得到最高分。其实，在实际竞赛过程中，企业所有者权益最高的企业最后的得分未必最高，因为他们忽视了总分的力量。

$$S= T + V \tag{2}$$

$$T= R + M + Q + PD + PL + F \tag{3}$$
$$= （N_1×R_M+N_2×R_T）+（N_3×M_E+N_4×M_C+N_5×M_N+N_6×M_W）$$
$$+（N_7×Q_9+N_8×Q_{14}）+（N_9×PD_2+N_{10}×PD_3+N_{11}×PD_4）$$
$$+（N_{12}×PL_S+N_{13}×PL_F+N_{14}×PL_R）+（N_{15}×F_A+N_{16}×F_B+N_{17}×F_C）$$
$$=（N_1+N_2）×20+（N_3×10+N_4×15+N_5×20+N_6×25）$$
$$+（N_7×10+N_8×20）+（N_9×5+N_{10}×10+N_{11}×15）$$
$$+（N_{12}×10+N_{13}×15+N_{14}×15）+（N_{15}×15+N_{16}×10+N_{17}×5）$$

$$V= OCS + CCS + TRF + NPR + ROA + ROE + FL + ALR \tag{4}$$

注：S、T、V、R、M、Q、PD、PL、F分别代表总分、固定得分、可变得分、民间融资、市场开拓、质量认证、产品研发、生产线和厂房；R_M、R_T分别代表未借民间融资和未贴现；M_E、M_C、M_N、M_W分别代表东部市场开拓完成、中部市场开拓完成、北部市场开拓完成和西部市场开拓完成；Q_9、Q_{14}分别代表ISO9004认证研发完成和ISO14000认证研发完成；PD_2、PD_3、PD_4分别代表P2、P3、P4产品研发完成；PL_S、PL_F、PL_R分别代表拥有半自动生产线、全自动生产线、柔性生产线并在线生产；F_A、F_B、F_C分别代表拥有A厂房、B厂房和C厂房。OCS、CCS、TRF、NPR、ROA、ROE、FL、ALR分别代表营业成本分摊、综合费用分摊、资金周转率、净利润率、资产报酬率、权益报酬率、资金流动性、资产负债率。

公式（3）中N_1~N_{17}的取值为0或1，具体取值含义如表2-2所示。

表2-2　字母N含义解释

字　母	取　值	含　义
N_1、N_2	0	已借民间融资或已贴现
	1	未借民间融资或未贴现
N_3、N_4 N_5、N_6	0	市场开拓未完成
	1	市场开拓完成
N_7、N_8	0	质量认证研发未完成
	1	质量认证研发完成
N_9、N_{10}、N_{11}	0	产品研发未完成
	1	产品研发完成
	$N_9+N_{10}+N_{11}\leqslant 8$	
N_{12}、N_{13}、N_{14}	0	拥有生产线但未生产
	1	拥有生产线并在线生产
N_{15}、N_{16}、N_{17}	0	未购买厂房或租赁厂房
	1	购买厂房

（1）固定得分分析。

固定得分项目相对来说比较简单，容易计算。企业只要符合相关加分项目条件，就可以获得相应的加分。对企业经营者来说，如果想要利用固定得分项目来达到加分的目的，那么只要所有固定项目在第三年满足加分条件即可。为了更好地利用企业的流动资金，经营者可以根据企业实际经营现状制定相应的固定加分项目取得策略（见表2-3），从而获得更高的总分。

表2-3　固定加分项目取得策略

固定加分项目	加　分　策　略
融资	企业在第三年的经营过程中，如非必要就不要利用借贷民间融资和贴现来获得货币资金。如果在第三年企业因为缺乏流动资金而无法避免贴现或民间融资的话，那么首选民间融资，因为贴现不仅会损失20分总分还会减少企业经营利润，从而降低企业所有者权益。最好经营者能在第二年第四季度预估到需要第三年的资金需求，以便制定相应的融资策略
市场开拓	如果企业经营以零售为主，一般而言会按时完成市场开拓。如果企业经营以囤货保权益、第三年以直销、批发为主策略的话，至少可以在第一年放弃东部市场的开拓，其余市场开拓问题具体取决于经营者想要达到对企业所有者权益的控制程度。 注意：正在市场开拓，但未完成的不能加分
质量认证	ISO9000、ISO14000的订单在实际经营中占比不是很高，企业经营者可以在第一年延缓ISO9000认证的研发，至于ISO14000可以依据实际情况决定是否延缓研发。 注意：正在认证，但未完成的不能加分
产品研发	如果企业经营以零售为主，一般而言P2、P3、P4三种新产品会在第一年完成研发，这样的话第三年加分事宜就不用考虑，但研发费用将花费180万货币资金。 如果企业经营以囤货保权益策略为主的话，P2、P3、P4三种新产品就没必要在第一年同时研发完成，具体取决于经营者想要达到对企业所有者权益的控制程度。 注意：正在研发，但未完成的不能加分
生产线	空闲的生产线是不能加分的，企业经营者必须在第三年第四季度继续生产。生产加分与生产线所生产的产品类型和功能无关，为了达到节省资金的目的，企业可以生产无功能的产品，具体产品依据企业当时的原材料库存确定。 注意：拥有生产线，但未生产的不能加分
厂房	市场营销沙盘的厂房B、厂房C不能由租转买，也就是说，企业想要在第三年得到加分，就必须在扩大生产的时候直接购买厂房。 注意：租赁的厂房不能加分

（2）可变得分分析。

可变得分可以分成 3 个类别：一是营业成本、销售费用、管理费用；二是营业收入、净利润、利润总额、流动资产合计、资产总计、所有者权益合计、货币资金、应收账款；三是短期借款、应付账款、应交税费、负债合计。相关负相关项目明细详见表 2-4。

表2-4　相关负相关项目明细

项目	关系	内容
营业成本	负相关	生产线折旧、产品生产成本
销售费	负相关	市场调研、市场开拓、ISO认证、客户开发费、招商广告费、零售商进场费、配送费（库存调拨）、媒体广告费、零售商提成
管理费	负相关	购买标书、产品研发、厂房租赁、零售商管理费、行政管理费、支付维修费（生产线）、厂房交租、支付库存费、生产线转产费

根据表 2-1 可以看出，可变得分的得分项目是根据经营状态而动态变化的，这就需要对可变得分相关公式有深入的理解，找到最佳的得分方案。

①营业成本分摊得分与营业成本负相关，与营业收入正相关。在企业出售产品的类型、价格不变的情况下，该部分的得分就只与营业成本相关。营业成本包括生产线折旧和产品生产成本，在折旧不可避免时，只有通过降低生产成本才能增加得分。这时就考验经营者对产品流行周期、零售商反应周期的准确把握，利用最少的功能叠加实现销售目的。

②综合费用分摊得分与销售费用、管理费用负相关，与营业收入正相关。销售费用和管理费用涉及的范围比较广泛，期中市场开拓（东部）、ISO 认证在企业运行正常的情况下前两年已经开拓或研发完成，市场开拓中的中部、西部、北部开发根据企业第三年直销、批发订单的接单情况再做考虑。如果企业在第三年能够通过直销、批发销货获得与零售渠道一样的销售额，那么因为减少了媒体投放、配货费（包括调拨费）、零售商提成等支出，降低了销售费用和管理费用，从而实现得分的提高。但这是理想状态，经营者在实际经营过程中，应通过差异化竞争实现直销、批发和零售三者完美结合，控制综合费用，提高销售额，这才能真正地提高得分。

③资金周转率得分。

资金周转率得分与营业收入正相关，与资产总计负相关。此部分的得分与第三年的销售额有很大的关联，销售额越大，资金周转率得分就越大。这也是部分经营者会在第二年资金允许的情况下选择尽可能地囤货以期扩大第三年的销售额。当然这种做法是有风险的，需要预估企业的实际营销能力，决定囤货的数量。最直接有效的办法就是在销量不变的前提下提高销售单价，在销量单价不变的前提下增加销售数量，或者单价和数量共同作用提高销售额。

④净利润率得分。

净利润率得分与净利润正相关，与营业收入负相关。当然如果通过降低营业收入来实现净利润率得分增加是不可取的，得不偿失。那就只有在一定的销售额（营业收入）下，尽可能减少产品功能成本，降低综合费用和财务费用等手段来实现节流，因为省下来的钱就是净利润。

⑤资产报酬率（ROA）得分。

资产报酬率得分与利润总和正相关，与资产总和负相关，利润总和其实就是税前利润。假设字母 A、Z 代表利润总额、资产总计，a 代表在不产生任何费用下增加的净收入。

$$ROA= A/Z \tag{5}$$

$$ROA_1=（A+a）/（Z+a）$$

$$ROA_1-ROA=（A+a）/（Z+a）-A/Z$$

如果在净收入增加的情况下 $ROA_1-ROA>0$，即（$A+a$）/（$Z+a$）$-A/Z >0$，$Z>A$。也就是资产合计大于利润总和的话，随着净收入的增加，资产报酬率得分也增加，反之则减少。其实可以简单地理解为，资产报酬率得分增加的办法就是开源节流。

⑥ 权益报酬率（ROE）得分。

权益报酬率得分与净利润正相关，与所有者权益负相关。所有者权益指的是实收资本＋未分配利润。实收资本是个固定值 1000 万，未分配利润指的是历年净利润之和或者说当年净利润与上一年度的净利润之和。假设字母 E、R 代表净利润、所有者权益，a 代表在不产生任何费用下增加的净利润。

$$ROE= E/R \tag{6}$$

$$ROE_1=（E+a）/（R+a）$$

$$ROE_1-ROE=（E+a）/（R+a）-E/R$$

如果在净收入增加的情况下 $ROE_1-ROE>0$，即（$E+a$）/（$R+a$）$-E/R>0$，$R>E$。也就是所有者权益大于净利润的话，随着净利润的增加，权益报酬率得分也增加，反之则减少。

【举例】

例如，某企业第一年年末的净利润为 -131.23 万元，第二年末的净利润为 -160.68 万元，那么该企业第二年年末的权益为 1000+69.75-131.23-160.68=777.84（万元），ROE=(-160.68/777.84)×100=-125（分），如果其他条件不变，净利润增加 50 万元，ROE=(-160.68+50)/（777.84+50)×100=13 分，满足 $R>E$ 得分增加。

⑦ 资金流动性得分。

资金流动性得分与速动比率（QR）和流动比率（CR）有关。短期借款包括民间融资和短期贷款，应付账款包括厂房购买的分期付款、零售商提成和原材料采购成本。为了提高资金流动性得分可以扩大销售额，减少短期借款。如果要满足 CR>=2 且 QR>=1，那么流动资产合计必须是短期借款、应付账款、应交税费之和的 2 倍以上，货币资金与应收账款之和必须是短期借款、应付账款、应交税费之和的 1 倍以上。如果企业在第二年经营过程中遇到资金紧张，没有足够权益进行短期贷款的情况下，可以通过按季度少量多批次采购原材料来减少付款账期，等到第三年资金充裕再行支付。如果第三年资金紧张，企业经营者可以根据得分公式找到一个应付账款的最佳平衡点，既使得企业能够大量采购并延迟付款账期，又可以使得得分最大化。

⑧ 资产负债率得分。

资产负债率得分与资产总计正相关，与负债合计负相关。从得分公式可以看出，负债合计越低，资产负债率得分越高。第三年是经营的最后一年，尽量减少贷款和应付账款，降低负债，特别要注意的是，最后一年在资金允许的情况下不要将采购资金应付账期压到第三年后支付。

2. 所有者权益

所有者权益指的是实收资本加未分配利润。实收资本是固定值 1000 万元，未分配利润指年初未分配利润加上本年度实现的净利润，或是历年净利润之和。它反映了企业经营者创造利润能力的大小，是企业经营结果的综合体现。影响企业所有者权益的因素如图 2-1 所示。

图2-1　影响企业所有者权益的因素

二、市场部操作规则

企业的生存和发展离不开市场的大环境。谁赢得市场，谁就赢得了竞争。市场是瞬息万变的，变化增加了竞争的对抗性和复杂性。

（一）市场预测

系统以柱状图形式（如图2-2、图2-3所示）给出不同产品在不同市场、不同渠道、不同年度或季度的潜在销售数量、销售价格的市场预测。经营者可以通过市场预测图，每种产品的价格趋势、需求趋势、生命周期、利润最高点、适合的销售方式等方面进行市场分析，从而制定企业的营销策略、产品策略及发展策略。

图2-2　南部市场P1产品零售数量预测

图2-3　南部市场P1产品零售价格预测

注：上图中横坐标代表季度，"1-1"代表第一年第一季度，"2-1"代表第二年第一季度，下同。

（二）市场分析

在这一环节，经营者需要购买市场调研报告来获取市场信息，包括市场需求波动信息、各类产品的需求数量及市场期望价格信息等。

市场分析包含市场环境和调研报告两部分。市场环境是系统随机给出的，而调研报告是需要购买的，调研报告购买价格为 5 万元 / 份（注意：每个市场一份调研报告）。市场部负责购买调研报告。调研报告中给出了以下数据：产品流行功能和直销、批发、零售消费人群需求的数量及平均期望价格。

1. 市场环境

市场环境主要受市场需求波动率的影响，每年年初，系统直接给出本年度各季度的市场环境状况，南部市场第一年市场环境分析示例如表 2-5 所示。每个季度的市场环境变化都会引起本市场本季度需求的波动，系统会自动计算出市场需求波动率的数值，该数值会影响到零售消费人群数量的变化。

表2-5　南部市场第一年市场环境分析示例

市 场 环 境					
市场环境	期初值	第一季度	第二季度	第三季度	第四季度
常住人口（万）：	1000	990	950	912	939
购买力指数（%）：	20	20	21	22	21
通货膨胀率（%）：	2.30	2.00	2.00	2.00	2.00
利息率（%）：	1.50	1.44	1.38	1.32	1.36
人均GDP（元）：	5000.00	4950.00	4702.50	4467.38	4333.36
恩格尔系数（%）：	40.00	38.40	39.17	39.95	38.35
市场需求波动率（%）：	0	19.00	17.00	16.00	12.00

影响公式：零售消费人群每个季度实际的需求数量＝调研报告给出的 6 类零售消费人群需求数量×（1± 本季度市场需求波动率）

注意：

（1）市场环境是随机变化的，在每次初始化数据重新开始训练或比赛时，数据都会不同；

（2）对于在同一竞赛环境下的所有小组，市场环境是相同的；

（3）在购买调研报告后，本年度的市场环境不会再发生变化。

2. 调研报告

市场部购买调研报告后，才能看到流行功能及直销、批发、零售消费人群需求的数量、平均期望价格等信息。

注意：年初，各企业都需要至少购买一份市场调研报告，否则无法继续经营。企业可以选择只购买某一市场的调研报告，也可以购买多个市场的调研报告。

（1）产品流行功能。

流行功能是零售消费人群中冲动型人群购买该产品的第一标准，产品只有在流行功能流行的时间内具备这种功能，冲动型人群才会有可能购买该产品。并且流行功能在流行过以后，将作为产品的基本功能，如果产品不具有该功能，零售的 6 类消费人群将都不会购买该产品。调研报告以表格形式提供了每种产品在某个季度的流行功能，以及该流行功能持续的时间，如表 2-6 所示为南部市场第一年产品流行功能及周期示例。

表2-6　南部市场第一年产品流行功能及周期示例

产品流行功能及周期				
年度：第一年				
产品	第一季度	第二季度	第三季度	第四季度
P1	P1F4 (流行周期2季度)		P1F2 (流行周期1季度)	P1F5 (流行周期2季度)
P2			P2F4 (流行周期2季度)	
P3			P3F3 (流行周期3季度)	
P4			P4F3 (流行周期4季度)	

（2）直销客户、批发商、零售消费人群需求的数量及平均期望价格。

调研报告以表格形式给出某种产品在某个季度、在不同销售渠道中的需求数量和平均价格，如表2-7所示为南部市场第一年市场需求示例。其中直销客户和批发商每年只在第一季度提供一次交易机会，所以调研报告中只给出了第一季度的需求信息；零售消费人群每个季度都有一次交易机会。

表2-7　南部市场第一年市场需求示例

市 场 需 求											
		直销		批发		零售					
季度	产品	平均价格（万元）	需求量（件）	平均价格（万元）	需求量（件）	市场期望价格（万元）	习惯型（件）	理智型（件）	冲动型（件）	经济型（件）	情感型（件）	不定型（件）
1	P1	9.54	184	6.54	370	9.68	56	0	0	66	0	234
2	P1	9.54		6.54		11.00	40	50	0	58	45	122
3	P1	9.54		6.54		12.06	45	50	41	50	45	86
3	P4	12.21		10.86		13.57	2	0	2	2	2	3
4	P1	9.54		6.54		11.53	40	40	40	52	40	67
4	P2	9.47		8.42		10.52	6	6	5	8	5	10
4	P3	11.05		9.82		12.28	2	2	3	3	3	3
4	P4	11.88		10.56		13.20	2	2	2	3	3	4

注意：经营者在制定零售消费人群的产品价格时，不能超过市场期望价格的2倍，一旦超过，将不会产生任何交易；零售市场6类消费人群的需求数量会受到市场环境中市场需求波动率的影响。

每个季度实际的需求数量＝调研报告给出的需求数量×（1±本季度市场需求波动率）。

【练一练】

表2-7提供了第一年零售市场6类消费人群对产品的需求数量和期望价格，请计算第一年

第一季度 6 类零售人群的实际需求量。

（三）市场开拓

企业如想在更大范围的市场上销售产品，就必须先进行市场开拓。市场部需要根据市场预测、调研报告及自身制定的营销策略进行市场开拓，市场开拓需要开拓周期和费用，如表 2-8 所示。市场开拓完毕后，当年即可进行产品销售。

表2-8　市场开拓周期与费用

市　场	开拓周期（年）	开拓费用（万元/年）	开拓完成费用合计（万元）
南部	0（开放市场）	0	0
东部	1	5	5
中部	2	5	10
北部	3	5	15
西部	3	5	15

注意：

（1）市场开拓时，请一次性选中需要开拓的市场再进行开拓，未选中的市场，不能进行再次开拓。市场开拓不能加速开拓，开拓完毕当年即可进行产品销售。

（2）除南部市场外，其他市场均需要企业投入一定的时间及费用，完成市场开拓后才能在该市场上销售产品。其中东部市场只需要 1 年的开拓时间，中部市场需要 2 年的开拓时间，北部和西部市场均需要 3 年时间才能完成开拓。企业如果希望在北部和西部市场销售产品，则每年都不能错过该市场的开拓。

（四）ISO 认证

随着中国加入 WTO，客户的质量意识及环境意识也在不断提高。经过一段时间的市场孕育，最终会反映在客户的订单中。只有当 ISO9000、ISO14000 认证完成后，才可以参与直销和批发带有 ISO9000 或 ISO14000 标志的订单，国际认证需要投入的时间及认证费用如表 2-9 所示。与此同时，ISO 认证也会影响零售消费人群成交的优先权。

表2-9　国际认证需要投入的时间及认证费用

ISO认证体系	认证周期（年）	认证费用（万元/年）	认证完成费用合计（万元）
ISO9000	1	10	10
ISO14000	2	10	20

注意：

（1）ISO 认证时，请一次性选中需要的认证项目再进行认证，未选中的认证，不能进行再次认证。ISO 认证不能加速，认证完毕当年即可影响销售额。

（2）只有直销和批发订单有 ISO9000 或 ISO14000 的要求，零售市场则无此要求。

（3）ISO 认证将会影响企业的综合指数。如果企业放弃 ISO 认证，则与参与认证的竞争对手相比，在其他条件相同的情况下，本企业的综合指数将更低。当然只有当某个 ISO 认证完成后，才会影响企业的综合指数。

三、直销部操作规则

直销作为销售方式的一种，采用招投标的方式，以综合评分法为原则，在每年的第一季度进行。系统会在调研报告中给出直销客户准确的需求数量和平均价格。直销部需根据自己的营销策略决定是否通过直销方式进行产品销售。

（一）开发客户

系统中只有直销部开发了客户后，才能参与需要开发的直销客户订单报名并参与投标。每个客户只需要开发一次就会成为您的客户，每个客户的开发费用为 5 万元。如有忘记开发的客户，可在本步骤结束前，再次进行开发。

注意：直销报名后不能再开发客户。

1. 待开发客户

经营者根据市场需求及企业的销售策略，确定目标客户，进行客户开发，支付相应的开发费用，才能参与该客户的直销订单竞标（除第一年不需要开发客户外）。

2. 我的客户

客户开发完毕后，才可以查看已经开发的客户。如果市场上有该客户的订单，在项目投标任务开始时，可以进行投标。

（二）参与投标

客户开发完成后，就可以看到市场上直销客户的订单，并可以参与投标，具体流程为：投标报名→资格预审→购买标书→投标→中标公示。

（1）投标报名：选择需要投标的订单进行报名，以取得投标资格。投标报名不收取任何费用。

（2）资格预审：系统会按照不同订单的要求对各小组资格进行预审，资格预审的条件包括客户是否已经开发完成、是否已经进行 ISO 认证。

注意：通过点击自己已报名的投标订单查看本投标订单的其他参与小组；同时投标报名后将不能再开发客户，如果有要求开发客户的订单，请在做投标报名之前完成开发。

（3）购买标书：购买标书并支付购买标书费。标书费用为 2 万元 / 份。

（4）投标：选手对已购买标书的订单进行投标，制定投标价格并提交，投标价格不能高于订单要求的市场最高价格，成交规则为综合评分法。

综合评分法：以每组投标价格和每组企业综合指数为评分依据，公式计算如下。

（所有小组投标最低价 / 本小组投标价格）×60+（本小组企业综合指数 / 所有有效投标小组最高企业综合指数）×40。

其中，企业综合指数 = [（ISO14000 按 20 计算 +ISO9000 按 10 计算）/ 所有小组总认证] ×20+（上季度小组销售额 / 上季度所有小组销售额）×40+（小组总媒体影响力 / 所有小组总媒体影响力）×40。

（5）中标公示：直销投标结束后，经营者可以通过查看中标公示，获得企业所参与投标的订单由哪个小组中标及中标价格等信息。

注意：

（1）直销客户订单有交货期限。如果在交货期限内不能交货的，需要扣除违约金，即订单原价的25%（四舍五入），并取消订单。每违约一张订单则取消一年（下一年）的直销客户订单投标资格。投标的订单要收取订单原价一定比例的投标保证金，结束投标后再返还投标保证金。

（2）直销客户订单的账期。账期是指企业在交货后，直销客户的付款时间，具体如表2-10所示。

表2-10　直销客户订单账期

账　　期	说　　明
0	现款交易，企业交货，客户当即付款
1	企业交货1个季度后客户付款
2	企业交货2个季度后客户付款
3	企业交货3个季度后客户付款
4	企业交货4个季度后客户付款

【练一练】

根据表2-10，企业经营者如何根据企业对资金的需要情况来安排交货，解决资金压力，请举例说明？

四、批发部操作规则

批发作为销售的另外一种方式，需要各小组投放招商广告，并按照招商广告投放数量的多少依次选单。批发订单竞标每年一次，在每年的第一季度进行。系统会在调研报告中给出批发客户准确的需求数量和平均价格。批发部需根据自己的营销策略决定是否通过批发进行产品销售。

（一）投放招商广告

各组经营者需根据自身的营销策略，在不同市场上制定不同产品的批发招商广告的投放策略，招商广告费用最低为1万元，最高不限制，但必须是整数。

注意：

（1）只有市场开拓完以后，才能进行市场广告的投放。

（2）每个市场的批发订单是有限的，也就是说，即使企业投了招商广告，也不一定能够选到订单。

（二）选择批发订单

招商广告投放完成后，由裁判统一控制选单。裁判允许选单后，系统会在每个产品的每个市场判断各小组投入广告费用的多少，并按照由高到低的顺序进行排序，投入广告费用最多的小组开始选单，每次只能选择一张订单，依次类推。若两组投入广告数量相同，则看两组在本产品所有市场上广告费用的投入；如果仍旧相同，则比较所有产品在所有市场上广告费用的投入；如果仍旧相同，则比较招商广告提交的时间，先提交者优先选单。

注意：

（1）选单开始后，选单是有时间限制的，如果超过时间不选择订单，则系统自动跳到下一组，本年将失去选单机会。一年过后，如果还有剩余订单，则该企业还有选单机会。

（2）如果不需要该订单，则单击"放弃"按钮放弃选单。一旦放弃，即使市场上有剩余订单，该企业也没有选单机会。

（3）批发订单为预付订单，系统中批发订单的账期表示为"-1"，只要取得订单，则订单货款就会直接进入现金。

（4）批发订单有交货期限，如果在交货期限内不能交货的，需要扣除违约金，即订单原价的25%（四舍五入），连同预付款一并回收，并取消订单。一旦违约，企业将失去下一年参与直销投标的资格。

（5）订单选择需要点击"指示区"各市场显示的小组编号，从"订单选择区"选择订单，如"指示区"没有显示本小组编号，则本小组不能进行选单。

五、生产部操作规则

经营者需要根据调研报告及自身的营销策略，制订产品研发计划和产品生产计划，并根据运营状况随时进行调整。

（一）产品研发

企业要想生产新产品，必须完成产品的研发，否则无法生产。生产部需要根据市场预测和调研报告制订自身的产品研发计划。产品研发需要一定的周期和研发费用，如表2-11所示。

表2-11　产品研发周期及研发费用

产品	研发周期（季度）	研发费用（季度/万元）
P2	3	10
P3	3	20
P4	3	30

注意：

（1）每种产品每个季度最多只能研发一次，不能加速研发。经营者可以同步研发各种产品，也可以选择性研发。

（2）企业需按研发周期平均支付研发投资费用，资金不足时可随时中断或终止（已投入的研发费用不能收回）。如果中断一段时间，企业还想继续研发，可在之前研发的基础上，再投入剩余的研发费用，以完成研发。

（3）新产品研发完成后，当季度即可以开始生产。

（二）产品下线入库

不同的生产线生产产品需要的周期不同，系统以季度为单位进行生产，半自动生产线需要2个季度生产一个产品，全自动和柔性生产线需要1个季度生产一个产品。生产线上的到期在制品，执行此任务后下线入库，成为产成品。

注意：每条生产线生产的一批产品数量为10个。

（三）租赁 / 购买厂房

只有拥有或者租赁了厂房，才能将生产线安装到厂房中。所以生产部需要提前决策厂房的租赁和购买，厂房基本信息参见表2-12所示。

表2-12　厂房基本信息

厂房	购买价格（万元）	购买分期数（季度）	租赁价格（万元/年）	变卖价格（万元）	维修费（万元）	容纳生产线（条）
A	320	4	40	320	0	4
B	240	4	30	240	0	3
C	120	4	20	120	0	1

注意：

（1）在经营初始条件下，企业拥有自主的A厂房。

（2）购买厂房可分期付款，租赁厂房不可分期付款。

（3）当企业资金紧张，需要依靠变卖厂房以渡过难关时，要保证企业已经付清购买厂房的费用，且厂房内没有生产线（先必须出售完安装在指定厂房的生产线，才能出售该厂房）。

（4）厂房不计提折旧。

（四）生产线购买

企业可供选择的生产线有半自动生产线、全自动生产线和柔性生产线。不同类型生产线的主要区别在于生产效率（指单位时间生产产品的数量）和灵活性（指转产生产新产品时设备调整的难易程度）。根据制订的生产计划，生产部需要购买合适的生产线。生产线基本信息如表2-13所示，生产线加工费如表2-14所示。

表2-13　生产线基本信息

生产线	购买价格（万元）	生产周期（季度）	转产费用（万元/次）	变卖价格（万元）	搬迁费用（万元）	维修费（万元/年）	周期产量（件）
半自动	40	2	0	10	8	5	10
全自动	80	1	10	20	10	4	10
柔性	120	1	0	30	10	5	10

表2-14　生产线加工费

产品名称	半自动(万元)	全自动(万元)	柔性(万元)
P1	1	1	1
P2	1	1	1
P3	2	1	1
P4	2	1	1

注意：

（1）生产线购买后，不需要安装直接可以进行生产。

（2）全自动生产线进行转产时，需要支付相应的转产费用。

（3）新购买的生产线当年不计提折旧，但下一年将会提取折旧，折旧额计入经营成本。

（4）出售生产线时，如果生产线净值等于残值，将净值转换为现金；生产线净值大于残值，将相当于残值的部分转换为现金，将差额部分作为费用处理（综合费用——其他）。

（5）当年出售的生产线不需要缴纳维修费。

（五）原料采购

原料的采购计划需要根据自身的产品生产计划、产品 BOM 表、原材料库存和在途原材料来制订。原料采购都要有采购提前期，所以采购原材料必须要首先下达采购计划。采购提前期参考系统参数设定。默认 R1、R2 为提前一个季度采购；R3、R4 为提前两个季度采购。

原料采购价格每个均为 1 万元。到期的原材料采购计划，会自动入库，批量采购原材料可以压缩供应商的账期，如果采购数量小于等于 50 个，则需支付相应的现金；如果采购数量大于 50 个，且小于等于 100 个，则可以产生 1 个季度的应付账款的账期；如采购数量大于 100 个，且小于等于 150 个，则可以产生 2 个季度的应付账款的账期；如果采购数量大于 150 个，且小于等于 200 个，则可以产生 3 个季度的应付账款的账期；如果采购数量大于 200 个，则可以产生 4 个季度的应付账款的账期。

产品 BOM 清单及加工费用如表 2-15 所示。

表2-15　产品BOM清单及加工费用

产品名称	BOM清单	半自动加工费(万元)	全自动、柔性加工费(万元)
P1	R1	1	1
P2	R1+2R2	1	1
P3	2R2+R3	2	1
P4	R2+R3+2R4	2	1

（六）投入生产

经营者选择空闲的生产线可以上线生产产品，产品生产时必须要选择产品型号，产品型号是由选手根据自己的产品功能组合自由命名的。如：生产带有 F1 和 F4 功能的 P1 产品，产品型号可定义为 P1F1F4，然后选择 F1 和 F4 功能，这样只要看到型号就可以知道产品的功能。

经营者在投产时直接添加产品型号，也可以在特殊任务中的"产品型号管理"进行设定。

注意：

（1）每条生产线同一时间只能生产一种产品。

（2）空闲生产线才能上线生产。

（3）上线生产必须有原材料，否则必须"停工待料"。

（七）交货给客户

市场部获取的直销订单和批发订单在这里执行交货操作，在市场营销沙盘中，交货期都是一年内有效。零售消费人群通过零售商购买产品后直接结算，不需要执行交货动作。

如果库存成品能够满足订单的需求，则可交货给客户。交货后，收到现金或者产生应收账款。

注意：

（1）当年拿到的订单必须在规定交货期内交货，如果不能按时交货，将会被扣罚 25%（四舍五入)的违约金，并取消订单。当企业违约批发订单时，同时需要支付先前收到的订单预付款。

（2）交货时，如订单对产品功能有明确需求，那么必须选择带有所要求的产品功能的产品进行交货。一个订单不能被拆分执行交货任务。

六、零售部操作规则

零售是一种通过零售商直接面对终端消费人群的销售方式。零售部需要选择合适的零售商签约进店，针对 6 类消费人群（情感型、习惯型、理智型、冲动型、经济型、不定型）的特性制定相应的价格和促销策略，并投放媒体广告，由系统模拟消费习惯撮合交易。

（一）6 类零售消费人群交易规则

制定针对零售消费人群的产品销售价格时，不能超过市场期望价格的两倍，一旦超过，将不会产生任何交易。

按照成交规则产生交易的过程中，销售价格将会影响销售的数量，公式如下：

销售数量变动率 = [（销售价格 - 市场期望价格）/ 市场期望价格]× 价格需求弹性系数

实际销售数量 = 预计销售数量 ×(1 - 销售数量变动率）

其中，P1 价格需求弹性系数为 0.8，P2 价格需求弹性系数为 0.9，P3 价格 需求弹性系数为 1，P4 价格需求弹性系数为 1.2。

零售的 6 类消费人群遵循一定的成交顺序，只有当前一类消费人群成交结束后，才会进行下一类消费人群的成交。6 类消费人群的优先交易顺序为：①情感型，②习惯型，③理智型，④冲动型，⑤经济型，⑥不定型。

1. 情感型消费人群

受该产品历史优惠额度影响，该产品历史成交优惠额度最多的，优先成交；如果该产品历史成交优惠额度相同，则比较企业综合指数；企业综合指数如果再相同，则比较价格。

2. 习惯型消费人群

习惯型消费人群属于媒体广告主导人群。按照本组本季度获得的媒体影响力与所在零售商下符合条件的所有小组本季度获得的度媒体影响力的总和的百分比分配订单。

3. 理智型消费人群

理智型消费人群属于企业综合指数主导人群。企业综合指数高者优先交易，如果综合指数相同，则比较价格。

企业综合指数计算公式为：

[(ISO14000 按 20 计算 +ISO9000 按 10 计算）/ 所有小组总认证]×20+（上季度小组营业收入／上季度所有小组营业收入）×40+（小组总媒体影响力／所有小组总媒体影响力）×40

4. 冲动型消费人群

冲动型消费人群属于流行功能主导人群。由于流行功能有持续周期，并且开始流行时间受到零售商的市场敏感度的影响，只有在流行功能流行持续周期内，才会产生冲动型消费人群的成交。在此期间，拥有此流行功能的优先成交；如果都拥有该流行功能，则比较该产品拥有的所有功能数量，拥有最多功能数量者优先成交；如果仍旧相同，则比较价格；如果价格也相同，则比较企业综合指数。

5. 经济型消费人群

经济型消费人群属于价格主导人群。价格低者优先交易。如果价格相同，则比较企业综合指数。

6. 不定型消费人群

不定型消费人群属于促销活动主导人群，没有促销就不会产生该人群的订单，促销后价格最低的优先成交，如果促销后的价格相同，比较企业综合指数，如果综合指数相同，则比较定价，定价低者优先成交。

注意：①如果制定价格超过市场期望价格，不定型消费人群不会产生交易；②促销活动对其他 5 类消费人群同样有效。

（二）签约零售商

在市场营销沙盘中，一共有 5 个零售市场，分别为南部市场、东部市场、中部市场、北部市场和西部市场；每一个市场均有两个零售商。系统初始状态是南部市场的 A1 零售商跟企业已经签约合作。为了扩大市场，提高销售额，零售部需要选择更多合适的零售商进店销售。

零售商参数包括以下几个。

（1）市场覆盖率：该零售商的消费者需求数量占本市场全部 6 类消费人群总的需求数量的百分比。

（2）市场敏感度：该零售商的消费者针对市场调研报告中流行功能的市场预期到实现的最短周期。

（3）回款周期：该零售商与选手企业结算的应收账款的账期。

（4）提成比例：零售商对销售产品的提成比例，也就是企业需要给零售商结算的提成金额为零售商销售收入 × 提成比例。

（5）到货周期：将产品配送给零售商所需要的物流运输周期。

（6）管理费：每季度支付给零售商的管理费用。

（7）进场费：与零售商签约进店需要缴纳的费用。

5 个零售市场的零售商信息如表 2-16 所示。

表2-16　零售商信息

市场	零售商名称	市场覆盖率（%）	市场敏感度（季度）	进场费（万元）	到货周期（季度）	回款周期（季度）	提成比例（%）	管理费（万元）
南部	A1	40	2	20	0	4	10	2
南部	A2	60	4	20	0	1	10	2
东部	B1	40	2	20	0	2	10	2
东部	B2	60	4	20	0	3	10	2
中部	C1	40	3	20	0	2	10	2
中部	C2	60	4	20	0	3	10	2
北部	D1	40	3	20	0	2	10	2
北部	D2	60	2	20	0	3	10	2
西部	E1	40	3	20	0	2	10	2
西部	E2	60	2	20	0	3	10	2

（三）货物配送

零售部在选择合适的零售商签约以后，需要将自己的产品配送给各个零售商进行销售。当然不同的零售商之间也可以进行产品的调拨，在特殊任务中还可以进行库存调拨操作。不论是配送货物还是将货物在零售商之间进行调拨，企业都需要支付一定的费用。具体收费标准按照配送和调拨的产品数量而定，如表2-17所示。

表2-17　货物配送费用表

配送目的市场	配送标准数量（件）	配送费（万元）	每多一件配送费（万元）
南部市场	10	1.5	0.2
东部市场	10	1.5	0.2
中部市场	10	1.5	0.2
北部市场	10	1.5	0.2
西部市场	10	1.5	0.2

（四）价格制定

零售部需要对各个零售商销售的产品制定销售价格，并对制定好价格的产品进行上架操作，产品上架后才可以进行销售。

注意：

（1）制定的产品销售价格最高不得超过市场调研报告中给出的零售消费人群的市场期望价格的2倍，否则将不会产生任何成交。

（2）由于价格需求弹性系数的影响，销售价格将会影响销售的数量。公式如下：

$$产品的实际销售数量 = 实际需求数量 × （1 - 销售数量变动率）$$

$$实际需求数量 = 市场调研报告预测的需求数量 × （1 + 市场需求波动率）$$

$$销售数量变动率 = [（销售价格 - 市场期望价格） / 市场期望价格] × 价格需求弹性系数$$

其中，P1产品价格需求弹性系数0.8；P2产品价格需求弹性系数0.9；P3产品价格需求弹性系数1；P4产品价格需求弹性系数1.2。

销售价格影响销售数量的说明如表2-18所示。

表2-18　销售价格影响销售数量的说明

销售价格与期望价格的关系	销售数量影响说明
销售价格 > 期望价格	销售数量变动率 > 0，产品的实际销售数量 < 实际需求数量
销售价格 = 期望价格	销售数量变动率 = 0，产品的实际销售数量 = 实际需求数量
销售价格 < 期望价格	销售数量变动率 < 0，产品的实际销售数量 > 实际需求数量

（五）促销策略

零售部将根据自身的营销策略制定相应的促销策略，本季度促销策略将影响不定型人群的成交。需要注意的是，在制定某一个促销策略时，需要选择该促销策略针对的促销范围（零售商）和产品范围（产品），如果不选择，则默认为该促销策略对所有促销范围和产品范围生效。一旦对某个范围内的某种产品做了促销，则该范围内成交的该产品均享受促销优惠，促销策略包括以下几种。

1. 满就送

可以设定购买某种产品达到某个金额就可以享受返多少现金的优惠活动。其中"送"的数值不能大于"满"的数值。

2. 多买折扣

可以设定顾客一次性购买达到多少数量后，全部按折扣价格结算。享受折扣额填写折扣数值，如85折，就填写8.5。

3. 买第几件折扣

可以设定一次性购买达到多少数量后，该件产品按照折扣价购买，并且如果继续购买，每逢设定数量的倍数，均可按照折扣价购买。如第3件起享受5折，即为前2件按一口价，第3件打5折，第6件也可以打5折。

（六）媒体广告投放

零售部需要根据自身的营销策略，对不同产品投放媒体广告，广告媒体基本信息如表2-19所示。媒体广告中标后，每个小组将获得相应媒体的影响力，每个小组的媒体影响力会影响习惯型人群的成交比例。另外，媒体影响力也会影响到企业的综合指数，同时也就会影响到受综合指数因素影响交易的消费人群。

表2-19　广告媒体基本信息

媒体	媒体时段	影响力度	得到关系值	最低投放额度
百度	排名第一	20	5	1
百度	排名第二	18	9	1
百度	排名第三	15	8	1
百度	排名第四	13	7	1
百度	排名第五	11	6	1
百度	排名第六	10	5	1
百度	排名第七	9	4	1
百度	排名第八	7	3	1
百度	排名第九	6	3	1
百度	排名第十	5	3	1
央视	黄金时段	40	2	1
央视	午间时段	12	10	1
央视	晚间时段	6	8	1
单季度单产品媒体数值合计		172	73	

媒体广告投放有以下两种方式。

（1）竞价排名方式。按照投标金额依次排名，分别计算其获得的媒体影响力和关系值（如百度排名）。

（2）高价中标方式。按照投标金额最高者中标，获得相应的媒体影响力和关系值（如央视的各个时段）。

注意：关系值的作用是投标价格相同时，关系值高者优先获得。如果针对同一媒体的关系值相同，则比较媒体广告提交的先后顺序。

七、财务部操作规则

资金是企业的血液，是企业任何活动的支撑。经营者不但需要控制现金流，保证良好的资金链，还要做好整个企业的财务预算，保证企业的良好运营。

（一）应收账款 / 应付账款

企业运营过程中，财务部需要及时进行应收账款和应付账款的结算，应收账款 / 应付账款主要来源如表 2-20 所示。

表2-20　应收/应付账款主要来源

来　源		说　明
应收账款	直销订单交付	直销订单一般都有账期，如果账期为0，则交货即收到现金；如果账期不为0，则形成相应账期的应收账款
	零售销售收入	企业通过不同零售商销售产品形成不同账期的应收账款，如表2-16所示
	变卖厂房	闲置的厂房变卖后形成4个账期的应收账款（没有付款完成的厂房不允许变卖）
应付账款	原材料采购费用	企业购买原材料的采购数量大于50时形成的应付账款
	零售商提成	企业通过零售商销售产品需要支付10%的零售商提成费用时形成的应付账款（应付账期和零售商的回款账期一致）
	厂房购买	企业购买厂房支付完当期的费用还需支付3个季度的分期费用时形成的应付账款

（二）短期贷款 / 还本付息

系统向企业提供了 3 种融资方式：短期贷款、民间融资和长期贷款。财务部可根据企业经营状态进行融资，其中，短期贷款和民间融资可以在每一季的任何时间进行。

1. 还本付息

如有到期还款的贷款，需要先还款，才能再次进行贷款。短期贷款与民间融资的贷款期限是 4 个季度，贷款到期后，需要归还本金并支付利息。

例如：短期贷款 100 元，到期时，需要支付 100 元 ×5% =5 元的利息，因此，需要支付本金与利息共计 105 元。

2. 新贷款

财务总监还本付息可以获得新的贷款。

短期贷款在每一季度可以随时申请。可以申请的最高额度 = 上一年所有者权益 ×2- 已有短期贷款额，并能被 100 整除的最大整数。民间融资与短期贷款的规则类似，只是贷款的利率不同，短期贷款融资规则表如表 2-21 所示。

表2-21　短期贷款融资规则表

融资方式	规定贷款时间	贷款额度	还贷规定	利率	贷款期
短期贷款	每季度任何时间	上年所有者权益的两倍-已贷短期贷款，并能被100整除的最大整数	到期一次还本付息	5%	4个季度
民间融资				15%	

（三）管理费缴纳

财务部每个季度必须缴纳一定的行政管理费和签约零售商的管理费，每个季度行政管理费为2万元。零售商的管理费为所有签约零售商管理费用的总和，每一季度每个零售商行政管理费为2万元。新签约的零售商签约当季度只缴纳进场费，不再缴纳管理费。

（四）应交税缴纳

每年第一季度缴纳上年度所得税，所得税的计算公式为：

所得税 = 利润总和（先弥补前 5 年亏损）×25%，保留小数点后两位按四舍五入取整。

（五）长期贷款 / 还本付息

财务总监每年第四季度可以进行长期贷款的操作。如有到期还款的贷款，必须先还清贷款，才能再次进行贷款。长期贷款期限是 2 年，每年年底需要支付利息，贷款到期后，需要归还本金并支付利息，长期贷款融资规则表如表 2-22 所示。

表2-22　长期贷款融资规则表

融资方式	规定贷款时间	贷款额度	还贷规定	利率	贷款期
长期贷款	每年年底	上年所有者权益的两倍-已贷长期贷款，并能被100整除的最大整数	每年年底还利息，到期一次还本付息	10%	2年

（六）租赁费 / 维修费支付

厂房租赁费：每年第四季度需支付下一年厂房租赁费。

生产线维修费：每年第四季度需支付本年生产线维修费，当年新安装的生产线不需要缴纳维修费。

（七）支付库存费

每一年度，每当某种产品或者采购的材料数量不超出最低数量50件时，每年支付库存费3万元，如果每超出一件就需要增加0.02万元。需要注意的是产品或原材料的库存数量并不是合计为总数再计算库存费，而是按照不同原材料、不同产品（同一产品不同型号也是分类计算）、不同零售商来分别计算库存费，库存费规则表如表 2-23 所示。

表2-23　库存费规则表

产品或原料	最低数	库存费用/年	每增加一件的费用
P1、P2、P3、P4 R1、R2、R3、R4	50	3万元	0.02万元

（八）折旧

随着生产线使用年限的增加，生产线会出现贬值，通过折旧这个项目在税前利润中扣除。设备价值按单条生产线进行折旧，新购买的生产线当年不计提折旧。折旧方式是按单条生产线价值除以 3 取整（四舍五入），价值不足 3 万元的折 1 万元，直到设备价值为 0 为止，厂房不再计提折旧。

（九）进入下一季度

每季度运营结束后，经营者可以点击"进入下一季度"按钮，进入下一季度的运营。

（十）关账

运营完 4 个季度以后，需要进行关账操作，关账以后可以看到本组本年度的财务报表及系统根据得分规则自动计算的得分。

八、破产规则

在市场营销沙盘模拟经营过程中，如出现以下情况，则企业即宣告破产：企业所持有的现金不足以支付必须要支付的款项，造成现金断流，则企业破产。一般造成现金流断裂的原因包括：不能支付应付账款、贷款本息、库存管理费、管理费、相关税费、租赁费 / 维修费及库存费。

九、模拟经营时间表

模拟企业经营活动，每一次需要模拟 3 年，经营时间表如表 2-24 所示。

表2-24　经营时间表

经营流程	第一年	第二年	第三年
经营者进入—"修改密码"—"参与投标"完成	10分钟	10分钟	10分钟
从"参与投标"完成到"投放招商广告"完成	5分钟	5分钟	5分钟
"选择批发订单"	60秒/组	90秒/组	90秒/组
从"选择批发订单"结束到"媒体广告投标"结束	15分钟	15分钟	15分钟
从第一季度"媒体广告投标"结束到第二季度"媒体广告投标"结束	15分钟	15分钟	15分钟
从第二季度"媒体广告投标"结束到第三季度"媒体广告投标"结束	15分钟	15分钟	15分钟
从第三季度"媒体广告投标"结束到第四季度"媒体广告投标"结束	15分钟	15分钟	15分钟
第四季度"媒体广告投标"结束到"关账"	5分钟	5分钟	5分钟
休息	10分钟	10分钟	
合计	约100分钟	约100分钟	约100分钟

十、系统设置

1. 系统初始设置

系统初始设置如表 2-25 所示。

表2-25　系统初始设置

项　　目	期　初　值
股东资本设置	1000
市场需求倍率	1
行政管理费	2
购买标书费	2

续表

项　目	期　初　值
贷款权益倍数	2
贷款基数	100
短贷利息(/周期)	0.05
民间融资利息(/周期)	0.15
长期贷款利息(/年)	0.1
短贷还款期限(季度)	4
民间融资还款期限(季度)	4
长期贷款还款期限(年)	2
贴现基数	100
贴现费率	0.14
生产线折旧率	0.33
厂房折旧率	0
变卖厂房收款账期(季度)	4
变卖生产线收款账期(季度)	0
交货违约金比例	0.25
客户开发费	5
保证金比例	0.1

2. 操作权限设置

教师在指导经营者进行模拟经营的过程中，可以根据表 2-26 设置经营者的操作权限，当然也可以根据实际需要修改操作权限的初始值。

表2-26　操作权限设置

设　置	项　目
允许	允许提示现金收支信息
允许	允许单人操作
不允许	允许追加股东投资
不允许	允许长短贷共享额度
不允许	生产线搬迁
不允许	厂房租转买
不允许	紧急采购

十一、规则与岗位工作要求

企业经营过程中，每位成员都有明确的岗位职责和具体的工作任务。企业成员应当熟练掌握个人职位所对应的经营规则，积极、高效地完成个人工作，发挥和督促企业员工积极完成本职工作，形成和谐团队，保证企业的高效运营。企业经营的各个岗位的工作任务、标准要求以及应重点掌握的规则，如表 2-27 所示。要想提高市场营销沙盘模拟经营的水平，必须尽快掌握所有规则要求。

表2-27 企业岗位工作要求与规则

职位	工作任务	标准要求	重点掌握规则
企业总裁	经营记录	台账正确、全面、及时	全部规则
	企业规划制定	目标妥当、团队达成一致	
	规划管理	措施得当、调整稳妥	
	经营流程控制	流畅、合理、时效性高	
	团队管理	团结、和谐、高效	
财务总监	经营记录	台账正确、全面、及时	融资规则 费用规则 纳税规则
	资金预算与执行	计划合理、资金不断流	
	融资管理	合理、适当、科学	
	财务报告	正确、及时	
	费用计算	及时、准确	
营销总监	经营记录	台账正确、全面、及时	市场分析规则 市场开拓规则 直销规则 批发规则 零售规则
	市场预测与分析	合理、适当、科学	
	市场开拓	合理、适当、科学	
	直销规划	适配销售计划，及时准确	
	批发规划	适配销售计划，及时准确	
	订单交货	及时、准确、合理	
	零售规划	适配销售计划，及时准确	
运营总监	经营记录	台账正确、全面、及时	ISO认证规则 产品研发规则 原料采购与生产安排 库存管理规则
	ISO认证	合理、适当、科学	
	产品研发	合理、适当、科学	
	原料采购	合理、适当、及时准确	
	生产安排	及时、准确、合理	
	库存管理	核算正确	

任务二 企业经营基本操作

学习目标：

1. 熟悉企业经营各个环节的具体操作
2. 理解各项工作的意义
3. 学会操作市场营销沙盘软件
4. 能够基本完成财务报表的制作

　　企业模拟运营应当严格遵守运营规则，按照一定的运营流程进行。为了经营好模拟企业，管理者应当做好预测、决策、预算、计划、控制、核算、分析等工作。预测、决策、预算、计划工作应当在每年经营结束后，下年运营之前进行，目的是使经营活动有序进行，防止出现意外情况。控制主要是在运营过程中，操作者根据运营流程和事先的计划进行销售运作。核算是在经营结束后对当年的经营情况进行盘点，编制各种报表以反映当年的经营情况和年末的财务状况。分析主要是在经营结束后，根据核实的结果与预算进行比较，找出差异，并对差异进行分析，以便之后更好地开展工作。

市场营销沙盘可以为经营者提供模拟企业经营的操作界面和全部实时数据，并在此基础上进行数据分析和挖掘，以更科学地进行经营决策，这是一套完整的企业营销综合实训系统，为学员提供 4P、4V、4C、4R、4S 等各种营销理论的实践学习，提供大量的分析数据和经营决策工具。企业模拟经营业务流程如图 2-4 所示。

图2-4　企业模拟经营决策流程

在熟悉了经营规则之后，新组建的团队在 CEO 的带领下就可以准备创建企业了。在市场营销沙盘模拟经营系统中，企业经营是按照任务清单的顺序开展工作的。任务清单代表了企业简化的工作流程，也是企业竞争模拟中各项工作需要严格遵守的顺序。在模拟运营时，由CEO 主持，指挥团队成员各司其职，带领团队一起来模拟市场营销企业经营实践，完成经营过程中的各项任务。在经营过程中参与者要按照角色和流程学习并记录经营过程中各个要素的变化情况。

一、年度规划制定

常言道：“预则立，不预则废。”在开始新一年的经营之前，企业需要召开新年度规划会议。由 CEO 召集团队成员，在认识企业的自身条件、分析竞争对手的情况下，研究市场预测信息中的市场需求状况，最终制定企业战略规划及各个职位的职能策略，并完成制定适应本年度企业经营的规划、营销渠道选择方案和营销策划方案等各项业务计划。

世界潜能大师博恩·崔西说过：“成功等于目标，其他都是这句话的注解。”也就是说，成功者更关注自己的目标，而不是那些通向成功之路上的障碍。成功者的心中只有希望，他们看到的是目标；而在失败者眼中，他们却只看到障碍，这种消极的想法让他们失去了很多成功的机会。注意力在哪里，结果就在哪里！注意力对结果的影响如图 2-5 所示。

图2-5 注意力对结果的影响

【玩一玩】

大猩猩的错觉

人们一直认为身边事物的变化不会逃过我们的眼睛，但事实是我们经常未能注意到那些变化，直到发现时还在疑惑为什么我们会对翻天覆地的变化视而不见。即使那些精明的企业家也是如此，尽管他们每天都在研究着市场与竞争对手的动向，可是直到一个里程碑式的企业矗立在所有人面前时，整个行业经常还在惊叹——他是什么时候，在哪里冒出来的！

步骤1：登录网址 http://v.youku.com/v_show/id_XMTg2MDI2MDE2.html，观看视频"大猩猩错觉"。

步骤2：确立目标，穿白衣服的人一共传了几次球？

各经营小组进行组内讨论？可以得出什么结论？

步骤3：带着以下几个问题，重新观看视频。

①穿白衣服的人一共传了几次球？②看到大猩猩出没了吗？③背景颜色发生变化了吗？④是否看到一名队员离开（穿什么颜色的衣服）？

各经营小组进行组内讨论，从中得到什么启示？

美国著名的成功学大师安东尼·罗宾斯曾经提出过一个成功的万能公式：

成功 = 明确目标 + 规划设计 + 马上行动 + 检查修正 + 坚持到底

从这个公式可以看出，要想取得成功，首先要明确我们的目标，有目标才能知道自己要走的路，才能集中力量努力朝目标迈进。在市场营销沙盘模拟经营的虚拟创业旅程中，知道自己要走哪条路，如何走，走到哪里，企业经营就会由被动转为主动，由被人操纵转向自我负责，由空想转为力行，由退缩转为进取，由悲观转向乐观。

然后要制定企业的经营规划，把握企业经营的大方向。一年之计在于春，没有春天的播种（新年度规划），就没有秋天的收货（年度利润的获得、所有者权益的增加）。之后根据规划方向和目标，再制订详细的计划，无论是在生活中还是在工作中，处处都需要计划。有计划，可以让事情做得更好；无计划，则容易迷失方向。企业经营更是如此，如果在经营过程中随意处置、无序操作，将出现经营困难，甚至最终导致企业破产。

新年度规划涉及企业在新的一年如何开展各项工作的问题，主要解决企业资源该如何投放和应变之道，它是一个动态变化的过程而不是静态的计划。通过制定新年度规划，可以使各位业务主管做到在经营过程中胸有成竹，知道自己在什么时候该干什么，有效预防经营过程中决策的随意性和盲目性，减少经营失误，让经营者突破障碍、开发潜能和自我实现。年度规划对经营者的影响如图 2-6 所示。

图2-6 年度规划对经营者的影响

同时，在制定新年度规划时，各业务主管已经就各项投资达成了共识，可以使各项经营活动有条不紊地进行，有效提高团队的合作精神，鼓舞士气，提高团队的战斗力和向心力，使团队成员之间更加团结、协调、和谐。一个完整的企业经营年度规划包括以下内容。

1. 企业经营环境分析

要做出科学合理的规划，企业应当结合目前和未来的市场需求、竞争对手可能的策略及本企业的实际情况进行。

① 企业内部条件认知。

从分析本企业成员的性格特征、习惯的经营思路入手，正确把握企业自身的经营特点、优势和劣势。

②企业外部环境分析。

在进行规划时，企业首先应当对市场进行准确的预测，包括预测各个市场产品（型号和功能）的需求状况和价格水平，预测竞争对手的目标市场、营销渠道选择、零售人群、产能情况等信息，预测各个竞争对手在新一年的资金状况（资金的充裕和不足将极大地影响企业的投资和生产）。

2. 年度经营目标

各业务主管提出年度规划的初步设想及经营环境变化分析，大家就此进行论证，最后，在权衡各方利弊得失后，制定本年度经营目标。

3. 经营策略、计划

在市场营销沙盘中，经营者通过购买市场调研报告，掌握每个季度的市场需求波动率，从而可以衡量市场整体环境的好坏。经营者根据经营目标确立销售渠道、经营产品类目、型号和数量、营销方案、推广策略、财务预算、资金计划、零售人群选择等。在具体经营策略或者经营计划制订时，企业主要应当明确以下几个问题。

①企业的销售策略是什么。企业可能会考虑哪个类目产品价格高就进入哪个市场，也可能是哪个市场需求大就选择哪个产品类目。还可能两个因素都考虑，企业应当根据销售策略明确自己的主营销售渠道和销售人群。

②企业的目标是什么。企业应当根据销售策略和各个类目产品的需求状况、价格水平、竞争对手的情况等明确企业的目标市场和人群。

③什么时候获取目标销售渠道订单。在明确了企业的目标市场后，还要解决什么时候获取目标销售渠道订单的问题，企业应当结合资金状况和营销推广策略确定获取目标销售渠道订单。

4. 实施步骤

根据经营目标和计划，落实各种策略、计划的具体步骤。

二、模拟企业日常运营

每一年市场营销沙盘的模拟经营活动操作如表2-18所示。

表2-18　市场营销沙盘操作汇总

序号	经营项目	操作要点	财务处理
年初	新年度规划会议	CEO召集团队召开年度规划会议	
1	市场预测与分析	购买调研报告、分析产品市场需求数据	计入销售费用
2	市场开拓	根据年初制定的营销策略进行市场的开拓	计入销售费用
3	ISO认证	ISO9000，ISO14000认证	计入销售费用
4	开发客户	直销客户开发	计入销售费用
5	参与投标	选择需要投标的订单进行报名，并支付购买标书费	计入管理费用
6	投放招商广告	在不同市场上制定不同产品的批发招商广告的投放策略	计入销售费用
7	选择批发订单	招商广告投放完成后，由裁判统一控制选单	
8	产品研发	需要根据市场预测和调研报告制订自身的产品研发计划并实施	计入管理费用

序号	经营项目	操作要点		财务处理
9	产品下线入库	生产线上的到期在制品执行此任务后下线入库		
10	租赁/购买厂房	厂房的购买		计入货币资金
		厂房的租赁		计入管理费用
11	生产线	购买		计入货币资金
		转产		计入管理费用
		变卖		计入营业外收入
12	原料采购	原料采购都要有采购提前期，所以采购原材料必须要首先下达采购计划（货到付款）		计入货币资金
13	投入生产	选择空闲的生产线生产产品，支付加工费		计入货币资金
14	交货给客户	执行直销订单和批发订单的交货操作，如违约需要支付违约金（直销违约金是订单原价的0.25倍）		计入营业外支出
15	签约零售商	与零售商签约进店需要缴纳的进场费用		计入销售费用
16	货物配送	产品配送给各个零售商进行销售，支付配送费		计入销售费用
17	价格制定	零售部需要对各个零售商销售的产品制定销售价格，并上架销售		
18	促销策略	零售部将根据自身的营销策略制定相应的促销策略，包括满就送、多买折扣、买第几件折扣		
19	媒体广告投放	零售部需要根据自身的营销策略，对不同产品投放媒体广告		计入销售费用
20	应收账款/应付账款	财务部需要及时进行应收账款和应付账款的结算	零售商提成	计入销售费用
			采购原料	计入货币资金
			应收账款	
21	短期贷款/还本付息	财务部可根据企业经营状态进行融资，并支付利息		计入财务费用
22	管理费缴纳	财务部每个季度必须缴纳一定的行政管理费和签约零售商的管理费		计入管理费用
23	应交税缴纳	每年第一季度缴纳上年度所得税		计入所得税费用
24	进入下一季度			
年末6项工作	长期贷款/还本付息	每年年底需要支付利息，贷款到期后，还本付息	长期贷款	计入长期借款
			利息	计入财务费用
	租赁费/维修费支付	厂房租赁费：每年第四季度需支付下一年厂房租赁费		计入管理费用
		生产线维修费：每年第四季度需支付本年生产线维修费，当年新安装的生产线不需要缴纳维修费		计入管理费用
	支付库存费	支付原材料和产品库存费		计入管理费用
	折旧	随着生产线使用年限的增加，生产线会出现贬值；通过折旧这个项目在税前利润中扣除		计入营业成本
	关账	每年经营结束，年末进行关账		
	进入下一年			

（一）年初工作

新年度规划会议。新的一年开始之际，企业管理团队要制定（调整）企业战略，并做出经营规划、营销规划方案等，这是每个企业非常重要的大事。CEO 需要带领团队成员共同完成此项工作，并在如表 2-19 所示的 CEO 经营记录表的对应位置打"√"。

表2-19　CEO经营记录表

序号	请按照顺序执行下列各项操作。每执行完一项操作后，CEO要在相应的方格内打"√"				
	时间节点	第一季度	第二季度	第三季度	第四季度
年初	新年度规划会议				
1	市场预测与分析				
2	市场开拓				
3	ISO认证				
4	开发客户				
5	参与投标				
6	投放招商广告				
7	选择批发订单				
8	产品研发				
9	产品下线入库				
10	租赁/购买厂房				
11	生产线				
12	原料采购				
13	投入生产				
14	交货给客户				
15	签约零售商				
16	货物配送				
17	价格制定				
18	促销策略				
19	媒体广告投放				
20	应收账款/应付账款				
21	短贷/还本付息				
22	管理费缴纳				
23	应交税缴纳				
24	进入下一季度				
年末6项工作	长期贷款/还本付息				
	租赁费/维修费支付				
	支付库存费				
	折旧				
	关账				
	进入下一年				

（二）市场部业务操作

1. 市场预测与分析

市场营销沙盘系统设计的企业运营时间为 3 年，每年经营者按任务清单顺序执行操作，主要工作包括市场调研分析，进入哪个目标市场？选择直销、批发还是零售渠道？租赁还是购买厂房进行生产？购买什么样的生产线？是否需要进行融资，如何平衡资金？决定何时扩大自己的生产能力，如何制定产品价格？采用什么促销策略？采用什么媒体广告策略？每年报表一次，每年内可以进行纳税、长期贷款、支付利息、折旧、市场开拓、关账等任务。

市场营销沙盘系统为经营者提供本年度不同市场的市场环境分析及介绍，通过"购买报告"任务，购买市场调研报告，了解产品流行功能及周期，直销、批发、零售各渠道的市场需求情况等信息。

（1）市场预测。

如图 2-7 所示，单击窗口左侧"任务列表"|"企业背景|"市场部"下的"市场预测"项，打开"市场预测"页面，查看不同市场、不同产品、不同渠道的市场预测柱状图。以便了解不同产品在不同市场、不同渠道的未来 3 年的市场期望价格及需求情况。

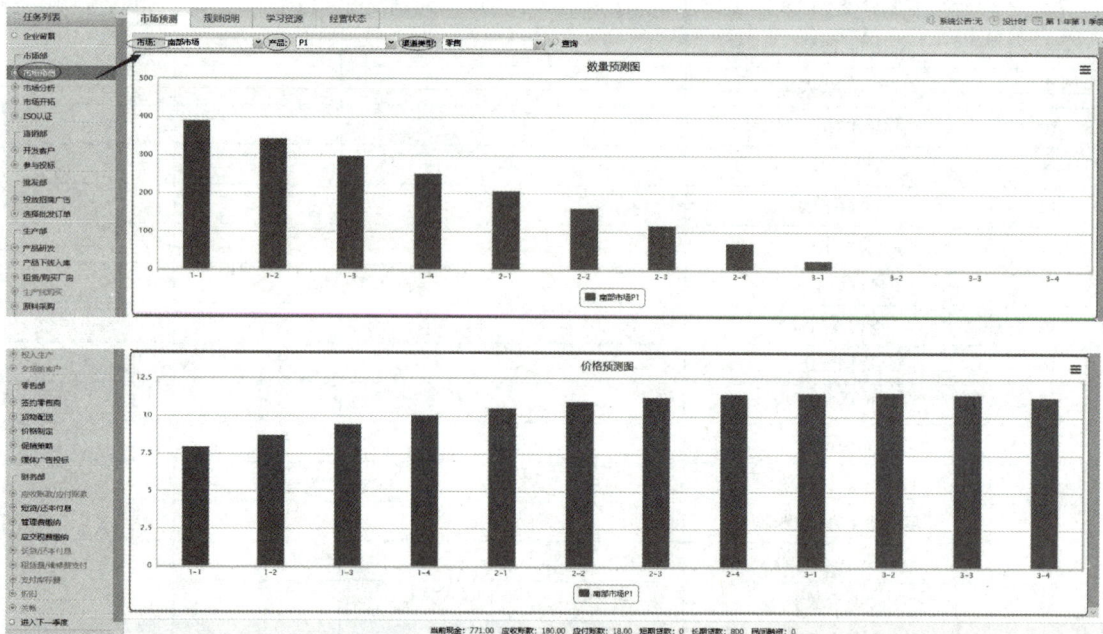

图2-7　市场期望价格及需求情况预测

（2）市场分析。

操作步骤如下所述。

步骤一：单击窗口左侧"任务列表"|"企业背景"|"市场部"下的"市场分析"项，如图 2-8 所示，打开"市场分析"页面。

步骤二：选择所需市场的选项卡，这里以"南部市场"为例，单击"南部市场"选项卡，如图 2-8 所示。

步骤三：单击下方"购买报告"按钮，如图 2-8 所示。

图2-8　购买调研报告

步骤四：购买成功后系统弹出"市场调研成功！"提示框，经营者可查看该市场的市场调研报告如图 2-9 所示。

图2-9　市场调研报告

注意：第一年第一季度的调研报告是必须购买的，如果没有购买，在执行后续操作过程时系统会弹出如图 2-10 所示的提示框。经营者必须单击"确定"按钮，返回并完成上一步购买操作后才能继续经营。

图2-10　未购买调研报告提示

2. 市场开拓

经营者可根据自己的目标市场定位和营销策略选择自己需要开发的市场。"市场开拓"每年第一季度进行相应操作。

操作步骤如下所述。

步骤一：单击窗口左侧"任务列表"|"企业背景"|"市场部"下的"市场开拓"项，打开"市场开拓"页面，如图 2-11 所示。

图2-11　选择开拓市场

步骤二：选中要开发市场的复选框，如图 2-12 所示。

注意：请一次性选中所有需要开拓的市场再进行开拓，未选中的市场将不能进行再次开拓。

步骤三：单击下方的"市场开拓"按钮，如图 2-12 所示，则市场开拓工作完成。此时，页面右侧"开拓状态"对应位置的标记将变为绿色，如图 2-13 所示。

注意：

（1）经营者如果不想进行市场开拓，则在步骤三时单击"跳过"按钮即可，系统将显示"处理成功"提示框，之后才可以进行后续操作，如图 2-14 所示。

图2-12　选择要开发的市场

图2-13 市场开拓完成

图2-14 放弃市场开拓

（2）市场开拓时，请一次性选中所有需要开拓的市场，再进行开拓；未选中的市场，不能进行再次开拓。市场开拓不能加速开拓，开拓完毕当年即可进行产品销售。

3. ISO 认证

经营者可根据营销策略选择 ISO 认证，以提高企业市场竞争力。"ISO 认证"每年第一季度进行相应操作。

操作步骤如下所述。

步骤一：单击窗口左侧"任务列表"|"企业背景"|"市场部"下的"ISO 认证"项，打开"ISO 认证"页面，如图 2-15 所示。

步骤二：选中要进行认证的"认证编号"复选框后，再单击下方的"ISO认证"按钮，如图 2-16所示。

步骤三：系统将打开认证完成页面，对应认证状态将变为绿色，如图 2-17 所示。

图2-15　选中"ISO认证"选项

图2-16　选择认证编号

图2-17　认证完成

注意：

（1）经营者如果不想进行 ISO 认证，则在步骤三时单击"跳过"按钮即可，如图 2-18 所示，系统将弹出"处理成功！"提示框，之后才可以进行后续操作。

图2-18　放弃ISO认证

（2）ISO认证时，请一次性选中所有需要的认证项目再进行认证，未选中的认证不能进行再次认证。ISO认证不能加速，认证完毕当年即可影响销售。

（三）直销部业务操作

1. 开发客户

经营者可根据需要选择是否开发客户，"开发客户"每年第一季度进行相应操作。

操作步骤如下所述。

步骤一：单击窗口左侧"任务列表"|"企业背景|"直销部"下的"开发客户"项，打开"开发客户"页面，如图 2-19 所示。

步骤二：选中要开发客户的复选框，如图 2-19 所示。

图2-19　待开发客户的选择与开发

步骤三：单击下方的"客户开发"按钮，如图 2-19 所示，系统将弹出"您确定要开发吗？"提示框，单击"是"按钮，则系统提示"客户开发成功"，操作完成。经营者也可以单击"否"按钮，以重新选择待开发客户或不开发，如图 2-20 所示。

图2-20　客户开发完成

如有忘记开发的客户，可在步骤三结束前，再次进行开发。直销报名后将不能再进行开发客户操作。

步骤四：单击窗口左侧"任务列表"|"企业背景|"直销部"下的"我的客户"项，查看已经开发的客户，如图 2-21 所示。

图2-21　查看已开发客户

注意：在第一年第一季度的直销投标过程中，所有客户都不需要开发。

2. 参与投标

客户开发完成以后，就可以看到市场上直销客户的订单，并可以参与投标，具体流程为：投标报名—> 资格预审—> 购买标书—> 投标—> 中标公示。

操作步骤如下所述。

步骤一：单击窗口左侧"任务列表"|"企业背景"|"直销部"下的"参与投标"项，如图 2-22 所示。判断是否需要进行项目投标，若需要则进行；若不需要则等待教师端结束项目投标后，方可进行"投放招商广告"操作。

步骤二：投标报名，选中所投项目前的复选框后，单击下方的"投标报名"按钮，如图 2-22 所示。之后系统将提示"您确定要投标报名选中的订单吗？"，单击"是"按钮，则系统弹出"处理成功！"提示框，操作完成。当然经营者也可以单击"否"后重新选择投标报名项目。

图2-22　投标报名

步骤三：单击选中"资格预审"选项卡,查看投标报名选中的订单的资格预审信息,如图 2-23所示。

步骤四：单击选中 "购买标书"选项卡，选择投标报名的订单，单击下方的"购买标书"按钮，如图 2-24 所示。系统弹出"您确定要购买选中订单的标书吗？"提示框，单击"是"按钮，则系统将弹出"购买标书成功！"提示框，操作完成。此时经营者可以查看已购买标书的企业信息，如图 2-25 所示。经营者也可以单击"否"按钮后重新选择投标报名的订单。

图2-23 "资格预审"选项卡

图2-24 购买标书

图2-25 查看已购买标书的客户

步骤五：单击选中"投标"选项卡，经营者可在此页面内设计投标方案，选择投标订单，修改投标价格后单击中间的"投标"按钮，如图 2-26 所示。之后系统将弹出"您确定要投标选中的订单吗？"提示框，单击"是"按钮后，系统弹出"处理成功！"提示框。

步骤六：单击下方的"结束投标"按钮，如图 2-27 所示，系统将弹出"您确定要结束本次投标吗？"提示框，单击"是"按钮后，系统弹出"处理成功！"提示框，并显示中标结果，如图 2-28 所示。如果经营者没有直销订单计划，可以直接进入本环节，单击"结束投标"按钮，可以跳过直销环节操作。

步骤七：单击选中"中标公示"选项卡，查看中标公示信息，如图 2-29 所示。

图2-26　投标

图2-27　结束投标

图2-28　显示中标结果

图2-29　中标公示

（四）批发部业务操作

1. 投放招商广告

各组经营者需根据自身的营销策略，在不同市场上制定不同产品的批发招商广告的投放策略。

操作步骤如下所述。

步骤一：单击窗口左侧"任务列表"|"企业背景"|"批发部"下的"投放招商广告"项，如图 2-30 所示。

图2-30　投放招商广告

步骤二：选择需要投放招商广告的市场，输入投放广告金额确认无误后，单击"投放广告"按钮，如图 2-30 所示，系统将弹出"您确定要提交信息吗？提交后将不能修改！"提示框，单击"是"按钮，则系统弹出"广告投放成功！"提示框，操作完成。

如果经营者没有批发订单计划，可单击图 2-30 中的"放弃投放"按钮，系统将弹出"您确定要放弃投放广告吗？如果放弃本年无法参加选单！"提示框，单击"是"按钮，则系统弹出"处理成功！"提示框，至此操作完成。

2. 选择批发订单

经营者投放招商广告完成，在教师端开始批发订单后，方可在此操作进行批发订单的选择。

操作步骤如下所述。

步骤一：单击窗口左侧"任务列表"|"企业背景"|"批发部"下的"选择批发订单"项，如图 2-31 所示。

步骤二：等待教师端开始批发订单竞标。

步骤三：教师端开始批发订单竞标。

步骤四：订单选择采用的是循环选单模式，如果指示区显示有自己的账号，则单击指示区自己企业的账号，在订单选择区会出现可以选择的订单。选中想要订单前的复选框，然后单击下方的"选择订单"按钮，如图 2-31 所示，选择成功后订单信息会出现在"签约区"，如图 2-32 所示。如果不想选择，则可以单击"放弃选择"按钮。

注意：开始后，选单是有时间限制的，如果超过时间不选择订单，则系统自动跳到下一组，本轮将失去选单机会。一轮过后，如果还有剩余订单，则该企业还有选单机会。

图2-31　选择批发订单

图2-32　竞标结束

（五）生产部业务操作

1. 产品研发

经营者可在此操作进行新产品的研发。

操作步骤如下所述。

单击窗口左侧"任务列表"|"企业背景"|"生产部"下的"产品研发"项，选中需要研发的产品前的复选框后，单击"研发投资"按钮，如图2-33所示，系统将弹出"您确定要研发投资吗？"提示框，单击"是"按钮，则系统将弹出"产品研发成功！"提示框，如图2-34所示，操作完成。完成后，系统会在研发状态相应位置标记为绿色。

注意：

（1）经营者如果不想进行市场开拓，可直接忽略该部分操作，然后继续进行后续操作。

（2）市场开拓时，请一次性选中需要开拓的市场，未选中的市场，不能进行再次开拓。市场开拓不能加速，开拓完毕当年即可影响销售。

图2-33 产品研发

图2-34 一期产品研发完成

2. 产品下线入库

经营者可在此操作对已生产完成的产品进行下线入库。

操作步骤：单击窗口左侧"任务列表"|"企业背景"|"生产部"下的"产品下线入库"项（注意各条生产线生产状态的变化），如图 2-35 所示，系统弹出"您确定要入库吗？"，单击"是"按钮，则系统弹出"产品下线入库成功！"提示框，操作完成。产品下线后，系统将把下线产品的生产状态的对应位置标记为绿色，如图 2-36 所示。

图2-35 产品下线入库

图2-36　在线产品生产状态更新

3. 租赁 / 购买厂房

经营者可根据自己的营销决策在此操作选择租赁或者购买厂房。

操作步骤如下所述。

单击窗口左侧"任务列表"|"企业背景"|"生产部"下的"租赁／购买厂房"项，打开如图 2-37 所示页面，根据需要按以下操作步骤购买或者租赁厂房。

图2-37　租赁/购买厂房

（1）购买厂房：如图 2-38 所示，单击"B 厂房"右侧的"购买厂房"按钮，系统弹出"您确定要购买吗？"提示框，单击"是"按钮，则系统弹出"厂房购买成功！"提示框，B 厂房购买状态显示为"已购买"，至此购买操作完成。

图2-38　购买厂房

（2）租赁厂房：如图 2-39 所示，单击"C 厂房"右侧的"租赁厂房"按钮，系统弹出"您确定要租赁吗？"提示框，单击"是"按钮，则系统弹出"厂房租赁成功！"提示框，C厂房购买状态显示为"已租赁"，至此租赁操作完成。

图2-39 租赁厂房

（3）经营者如果不想进行租赁/购买厂房，则可直接忽略该部分操作，继续进行其他后续操作。

4. 生产线购买

企业只有拥有或者租赁了厂房，才能将生产线安装到厂房中。

操作步骤如下所述。

步骤一：单击窗口左侧"任务列表"|"企业背景"|"生产部"下的"生产线购买"项，打开"生产线购买"页面。

步骤二：在页面中，选择要购买的生产线类型、要生产的产品、厂房可安装位置，然后单击"购买安装"按钮，如图2-40所示，系统弹出"购买生产线成功！"提示框，至此，一条生产线的购买操作完成。之后经营者可以根据自己的营销决策决定是否继续购买其他生产线，如图2-41所示。

图2-40 购买生产线

图2-41　再次购买生产线

注意：

（1）购买生产线后，不需要安装操作直接可以进行生产。

（2）全自动生产线进行转产时，需要支付相应的转产费用。

5. 原料采购

经营者可根据产品的生产计划、产品 BOM 表、原材料库存和在途原材料情况来制订原料采购计划。

操作步骤如下所述。

步骤一：单击窗口左侧"任务列表"|"企业背景"|"生产部"下的"原料采购"项。

步骤二：如果有原料在途则单击"原料入库"按钮进行入库操作；如果有新的原料采购计划则单击"下采购计划"按钮，如图 2-42 所示。

图2-42　下采购计划

单击"下采购计划"按钮后将出现如图 2-43 所示对话框，在对应原材料处输入采购数量，确认无误后单击"提交订单"按钮。系统提示"您确定要提交采购信息吗?",单击"是"按钮,系统提示"采购原料成功",操作完成,系统将显示在途原料到货进度信息,如图2-44所示。

图2-43　原料采购

图2-44　在途原料到货进度信息

6. 投入生产

经营者可根据市场分析和自己的营销决策在此操作选择需要生产的产品类型。

操作步骤如下所述。

步骤一:如图2-45所示,单击窗口左侧"生产部"下的"投入生产"项,在打开页面中选中要生产的产品型号前的复选框,然后单击下方的"投入生产"按钮或"跳过"按钮。

图2-45　投入生产

步骤二：单击下方的"添加型号"按钮可以打开"添加产品型号"对话框，添加附带不同功能的产品型号，如图2-46所示。

图2-46　添加型号

注意：带有相同功能的产品，其产品型号名称只能保存一个，否则系统将会提示"该功能的型号已经存在，请别重复添加！"。

7. 交货给客户

经营者可在此操作对市场部获取的直销订单和批发订单执行交货操作。

操作步骤如下所述。

步骤一：单击窗口左侧"任务列表"|"企业背景"|"生产部"下的"交货给客户"项，打开相应页面。

步骤二：如果之前在直销客户投标中有中标或者批发部有成功选择订单，则订单会出现在"交货客户"区，选择相应订单并选择与之对应的产品型号后单击"交货"按钮即可；如没有订单或库存产品不足以交货，则单击"结束交货"按钮，如图2-47所示。

图2-47　交货给客户

8. 签约零售商

经营者可在此操作选择合适的零售商签约进店，针对六类消费人群（习惯型、理智型、冲动型、经济型、情感型和不定型）的特性制定相应的价格和促销策略，并投放媒体广告，由系统模拟消费习惯撮合交易。签约后，合作零售商的相关信息将在经营状态的页面上进行显示，期初系统设定本地市场的 A1 零售商跟企业已经签约合作。

如果企业没有接收到直销或批发订单，经营者可以直接进行"签约零售商"操作；如果企业有直销或批发订单，经营者在"交货给客户"操作中必须单击"结束交货"按钮才能进行"签约零售商"操作，否则系统将提示"交货给客户操作没有完成！不允许进行该操作。"

操作步骤如下所述。

步骤一：单击窗口左侧"零售部"下的"签约零售商"项，如图 2-48 所示。

步骤二：选择要签约的零售商，单击"签约"按钮，如图 2-48 所示。签约成功的零售商将显示在页面下方的"已经合作的零售商"区域。

步骤三：如果不需要签约零售商，则单击"跳过"按钮，如图 2-48 所示。

图2-48 签约零售商

9. 货物配送

经营者在签约零售商完成后，可将自己的产品配送给各个零售商进行销售。

操作步骤如下所述。

步骤一：单击窗口左侧"零售部"下的"货物配送"项，如图 2-49 所示。

步骤二：单击"配货"按钮，在弹出的对话框中选择配货的零售商名称、产品型号、发货数量等，再单击"发货"按钮，如图 2-49 所示。

图2-49 货物配送

注意：不同的零售商之间也可以进行产品的调拨，在特殊任务中我们可以进行库存调拨操作。

10. 价格制定

经营者可在此操作对已经配货给零售商的产品制定销售价格，并对制定好价格的产品进行上架操作。

操作步骤如下所述。

步骤一：单击窗口左侧"零售部"下的"价格制定"项，如图 2-50 所示。

步骤二：选择零售商的某一产品，制定销售价格后，单击"保存设置"按钮，如图 2-50 所示。

步骤三：单击"上架"按钮，如图 2-50 所示。（保存设置后需要重新选择零售商产品）

图2-50　价格制定

11. 促销策略

经营者可在本操作针对不同产品、不同零售商制定不同的促销策略。

操作步骤如下所述。

步骤一：单击窗口左侧"零售部"下的"促销策略"项，如图 2-51 所示。

步骤二：选择相应的促销策略后单击"添加"按钮，在弹出的对话框中填写对应的促销名称、促销范围、产品范围、优惠方式等，最后单击"保存"按钮，如图 2-51 所示。

（1）满就送，即设置金额满多少优惠多少，如图 2-51 所示。CEO/ 营销总监也可以选择放弃不做满就送。

图2-51　促销策略——满就送

（2）多买折扣，即设置最少购买件数，高则享受折扣，如图2-52所示。企业总裁或营销总监也可以选择放弃不做多买折扣。

（3）买第几件折扣促销，即设置到达设定件数的那一件才享受折扣，如图2-53所示。企业总裁或营销总监也可以选择放弃不做买第几件折扣促销。

图2-52　促销策略——多买折扣

图2-53　促销策略——买第几件折扣

注意：在制定某一个促销策略时，需要选择该促销策略针对的促销范围（零售商）和产品范围（产品），如果不选择，则系统默认为该促销策略对所有促销范围和产品范围均生效。一旦对某个范围内的某种产品做了促销，则该范围内成交的该产品均享受促销优惠。

12. 媒体广告投标

经营者可按需要根据自身的营销策略对不同产品投放媒体广告。媒体广告中标后，每个小组将获得相应媒体的影响力，每个小组的媒体影响力会影响习惯型人群的成交比例。另外，媒体影响力还会影响到企业的综合指数，同时也就会影响到受综合指数因素影响交易的消费人群。

操作步骤如下所述。

步骤一：单击窗口左侧"零售部"下的"媒体广告投标"项。

步骤二：在打开的页面中，选择产品的媒体类别和媒体时段，再单击"投标价格"下的下拉列表框，修改价格（可以手动输入数字或单击上下箭头调整数值）。

步骤三：全部添加完成后，单击"递交投标"按钮。

步骤四：如果不需要媒体广告投标，则可以直接单击"跳过"按钮。

图2-54　媒体广告投标

注意：关系值的作用是投标价格相同时，关系值高者优先获得。如果针对同一媒体的关系值相同，则比较媒体广告提交的先后顺序。

13. 应收账款 / 应付账款

经营者可在此操作进行企业在经营过程中产生的应收账款和应付账款的结算。

操作步骤如下所述。

步骤一：在教师端结束"媒体广告投标"操作后，单击"财务部"下的"应收账款/应付账款"。

步骤二：单击"接受/支付"按钮，执行应收账款/应付账款操作，如图 2-55 所示。

图2-55　应收款/应付款

注意：应收账款 / 应付账款操作也可以在此操作前任何时刻进行。

14. 短贷 / 还本付息

经营者可在此操作进行企业在经营过程中产生的新的短期贷款融资与利息缴纳操作。

操作步骤如下所述。

步骤一：单击"财务部"下的"短贷 / 还本付息"，如图 2-56 所示。

步骤二：如有到期的贷款，则单击中间的"还本付息"按钮，如图 2-56 所示。

步骤三：如需要新的贷款，则选择相应的贷款方式（短期贷款或民间融资）及贷款数额，然后单击下方的"新贷款"按钮，如图 2-56 所示。

图2-56　短贷/还本付息

注意：

（1）如有到期还款的贷款，需要先还款后才能再次进行贷款。

（2）短期贷款与民间融资的贷款期限是 4 个季度，贷款到期后，需要归还本金并支付利息。

15. 管理费缴纳

经营者可在此操作进行企业在经营过程中产生的管理费用的缴纳操作。

操作步骤如下所述。

步骤一：单击窗口左侧"财务部"下的"管理费缴纳"项，如图 2-57 所示。

步骤二：单击"支付"按钮，支付每季度的行政管理费和签约零售商的管理费，如图 2-57 所示。

图2-57　管理费缴纳

注意：企业每个季度必须缴纳一定的行政管理费和签约零售商的管理费，每个季度行政管理费为2W。零售商的管理费为所有签约零售商管理费用的总和，签约当季只缴纳进场费，不再缴纳管理费。

16. 应交税费缴纳

经营者在此操作进行缴纳企业上一年所得税的操作。

操作步骤如下所述。

步骤一：单击窗口左侧"财务部"下的"应交税费缴纳"项，如图2-58所示。

步骤二：单击"交税"按钮，缴纳上年所得税，如图2-58所示。

图2-58　应交税缴纳

注意：每年第一季度缴纳上年度所得税，所得税的计算公式为：税前利润（先弥补前5年亏损）×25%，保留小数点后两位按四舍五入取整。

17. 长贷／还本付息

经营者在每年的第四季度可执行长期贷款的相关操作。

操作步骤如下所述。

步骤一：单击窗口左侧"财务部"下的"长贷／还本付息"项，如图2-59所示。

步骤二：如有到期贷款，则单击中间的"还本／付息"按钮，如图2-59所示。

步骤三：如果需要新的长期贷款，则选择贷款金额后单击下方的"新贷款"按钮，如图2-59所示。

图2-59　长贷/还本付息

注意：

（1）如有到期需还款的贷款，必须先还清贷款，才能再次进行贷款。

（2）长期贷款期限是 2 年，每年年底需要支付利息，贷款到期后，需要归还本金并支付利息。

18. 租赁费 / 维修费支付

经营者在每年的第四季度需要执行本操作。

操作步骤如下所述。

步骤一：单击窗口左侧"财务部"下的"租赁费 / 维修费支付"项，如图 2-60 所示。

步骤二：单击"缴费"按钮，支付下一年的厂房租赁费及本年的生产线维修费，如图 2-60 所示。

图2-60　租赁费/维修费支付

注意：

（1）厂房租赁费：每年第四季度需支付下一年的厂房租赁费。

（2）生产线维修费：每年第四季度需支付本年生产线维修费，当年新安装的生产线不需要缴纳维修费。

19. 支付库存费

经营者在每年的第四季度需要进行支付库存费操作。

操作步骤如下所述。

步骤一：单击窗口左侧"财务部"下的"支付库存费"项，如图 2-61 所示。

步骤二：单击下方的"支付库存费"按钮，如图 2-61 所示。

图2-61　支付库存费

20. 折旧

随着使用年限的增加，生产线会出现贬值。通过折旧这个项目在税前利润中扣除。经营者在每年的第四季度需要进行折旧操作。

操作步骤如下所述。

步骤一：单击窗口左侧"财务部"下的"折旧"项，如图2-62所示。

步骤二：单击下方的"折旧"按钮，如图2-62所示。

图2-62　支付库存费

注意：设备价值按单条生产线进行折旧，新购买的生产线当年不计提折旧。折旧方式是按单条生产线价值除以3取整（按四舍五入），价值不足3万元的折1万元，直到设备价值为0为止。厂房不计提折旧。

21. 关账

运营完 4 个季度以后，需要进行关账操作，关账以后可以看到本组本年度的财务报表及系统根据得分规则自动计算的得分。

操作步骤如下所述：

单击"财务部"下的"关账"项，系统提示"关账成功！"，再单击"确定"按钮，显示当年度经营得分情况，至此操作完成，如图 2-63 所示。

图2-63 关账得分示意图

22. 进入下一季度

每季度经营完成后，经营者执行本操作可以进入下一季度经营。

操作步骤如下所述：

每季度经营完成后，单击窗口左侧"任务列表"下的"进入下一季度"项。

23. 进入下一年

每年经营完成后，经营者执行本操作，进入下一年度经营。

操作步骤如下所述：

每一个会计年度经营完成，教师端允许进入下一年后，经营者单击左侧"任务列表"下的"进入下一年"进入下一会计年度的经营。

任务三 特殊任务工具运用

学习目标

1. 熟悉特殊任务工具的具体操作
2. 理解各项工具的功能
3. 学会操作特殊任务工具

一、产品型号管理

经营者可对自己生产的产品型号进行管理，示例如图 2-64 所示。

产品生产时必须要选择产品型号，产品型号是由经营者根据自己的产品功能组合自由命名的。如生产带有 F1 和 F4 功能的 P1 产品，产品型号可定义为 P1F1F4，然后选择 F1 和 F4 功能，这样只要看到型号就可以知道产品的功能。

操作步骤如下所述。

步骤一：单击窗口左侧"任务列表"|"特殊任务"下的"产品型号管理"项。

步骤二：单击"添加"按钮，在之后出现的"添加产品型号"对话框中添加包含相应功能的产品型号，如图 2-64 所示。

步骤三：单击"保存"按钮，完成操作。

图2-64　添加产品型号

注意：本操作也可通过单击窗口左侧"任务列表"|"企业背景"|"生产部"下的"投入生产"项，在打开的页面中完成。

二、生产线变卖

经营者可执行生产线变卖的操作，示例如图 2-65 所示。

企业总裁或运营总监可以选择需要变卖的生产线，进行变卖操作。生产线变卖收入属于额外收入，但是变卖前首先要计提折旧，剩余固定资产要进行固定资产清理。

操作步骤如下所述。

步骤一：单击窗口左侧"任务列表"|"特殊任务"下的"生产线变卖"项。

步骤二：选择要变卖的生产线对应的复选框，再单击"变卖生产线"按钮，如图 2-65 所示。

图2-65　生产线变卖

注意：只有处于"空闲"状态的生产线才可以进行"生产线变卖"操作。

三、生产线转产

经营者可在对已有的生产线进行转产操作，示例如图 2-66 所示。

企业总裁或运营总监根据企业营销策划与产能设置对空闲的生产线进行转产，半自动和柔性线可以直接转产，没有转产费用和转产周期；全自动生产线进行转产需要支付相应的转产费用，并需要一定的转产周期。

操作步骤如下所述。

步骤一：单击窗口左侧"任务列表"|"特殊任务"下的"生产线转产"项。

步骤二：选择需要转产的生产线及转产生产的产品，单击"生产线转产"按钮，如图 2-66 所示。

图2-66　生产线转产

四、生产线搬迁

经营者可在对已有的生产线进行搬迁操作，示例如图 2-67 所示。

如果厂房有空闲位置，企业总裁或运营总监可根据企业产能布局调整将空闲的生产线搬迁到该空闲位置，并支付相应的搬迁费用。

操作步骤如下所述。

步骤一：单击窗口左侧"任务列表"|"特殊任务"下的"生产线搬迁"项。

步骤二：选择需要搬迁的生产线及搬迁至的位置，单击"生产线搬迁"按钮，如图 2-67 所示。

图2-67　生产线搬迁

注意：只有教师端操作权限设置中允许"生产线搬迁"后，此操作才可以进行。

五、厂房租转买

经营者可执行厂房的租转买（租赁转购买）操作，示例如图 2-68 所示。企业总裁或运营总监根据企业经营计划，可以对已经租赁的厂房实施租转买操作。

操作步骤如下所述。

步骤一：单击窗口左侧"任务列表"|"特殊任务"下的"厂房租转买"项。

步骤二：选择需要租转买的厂房对应的复选框，单击"租赁转购买"按钮，如图 2-68 所示。

图2-68　厂房租转买

注意：只有教师端操作权限设置中允许"厂房租转买"后，此操作才可以进行。

六、厂房退租

经营者可执行已租赁的空闲厂房的退租操作，示例如图 2-69 所示。空闲的厂房可以直接退租，如果该厂房有生产线可以进行租转买，但是本年度租金不退还。

操作步骤如下所述。

步骤一：单击窗口左侧"任务列表"|"特殊任务"下的"厂房退租"项。

步骤二：单击选择需要退租的厂房对应的复选框，单击"退租厂房"按钮，如图 2-69 所示。

图2-69　厂房退租

七、厂房变卖

经营者可对空闲的厂房执行厂房变卖的操作，不计折旧，厂房变卖后将产生 4 个季度的应收账款，示例如图 2-70 所示。

操作步骤如下所述。

步骤一：单击窗口左侧"任务列表"|"特殊任务"下的"厂房变卖"项。

步骤二：选择需要变卖的厂房对应的复选框，单击"变卖厂房"按钮，如图 2-70 所示。

图2-70　厂房变卖

八、紧急采购

经营者可执行原料的紧急采购操作，紧急采购价格为采购价格的两倍，示例如图 2-71 所示。

步骤一：单击窗口左侧"任务列表"|"特殊任务"下的"紧急采购"项。

步骤二：选择需要采购的原料对应的复选框，输入紧急采购的数量后，单击"采购"按钮，如图 2-71 所示。

图2-71　紧急采购

注意：只有教师端操作权限设置中允许"紧急采购"后，此操作才可以进行。

九、库存调拨

经营者可执行零售商之间的库存调拨操作，库存调拨需要周期和费用，示例如图 2-72 所示。

操作步骤如下所述。

步骤一：单击窗口左侧"任务列表"|"特殊任务"下的"库存调拨"项。

步骤二：单击"调拨"按钮，在弹出的对话框中选择出库零售商、接收零售商、产品型号、发货数量后，单击"发货"按钮，如图2-72所示。

图2-72　库存调拨

十、贴现

经营者可根据自己企业的资金状况，选择应收账款的贴现操作，贴现费用等于贴现应收账款金额乘以贴现费率，示例如图2-73所示。

操作步骤如下所述。

步骤一：单击窗口左侧"任务列表"|"特殊任务"下的"贴现"项。

步骤二：选择贴现额，单击"贴现"按钮，如图2-73所示。

图2-73　贴现

十一、追加股东投资

在正式比赛中是不允许此项操作的。但在平时上课或训练中，教师可以在教师端允许此项操作，经营者可以在此填写需要追加的额度，完成对本店铺追加股东投资操作，如图2-74所示。

图2-74　追加股东投资

任务四　分析企业经营数据

学习目标

1. 熟悉分析工具的具体操作
2. 理解各项工具的功能
3. 学会利用分析工具分析数据

一、市场预测图

在市场营销企业模拟经营过程中，市场预测是各企业能够得到的关于产品市场需求预测的唯一可以参考的有价值的信息，对市场预测的分析与企业的营销方案策划息息相关。系统以柱状图形式给出了不同产品在不同市场、不同渠道、不同年度或季度的潜在销售数量和销售价格的市场预测。经营者可以通过市场预测图进行市场分析，制定企业的营销策略、产品策略及发展策略。

建议主要分析以下内容：每种产品的价格趋势、需求趋势、每种产品的生命周期、每种产品的利润最高点、每种产品适合的销售方式等。

经营者在"辅助信息"模块下的市场预测图中选择需要查询的产品，就可以得到相关数据，以下以南部市场的P1产品零售数据为例。

如图2-75、图2-76所示为1～3年南部市场的P1产品的需求数量预测和价格数值预测，图中的横坐标代表经营时间（年-季度），纵坐标上标注的数字（柱形的高度）分别代表产品总数量和平均价格。在市场预测图中，除了直观的图形可以帮助经营者获得需要的数据外，还清晰地表达了产品在特定市场的生命周期及趋势。以南部市场的P1产品零售市场生命周期为例，随着时间的推移该产品在南部市场总数量和总体趋势都是逐年逐季度递减，直到第三年第二季度退出市场。

图2-75 南部市场的P1产品需求数量预测

图2-76 南部市场的P1产品价格数值预测

【练一练】

根据南部市场的 P1 产品零售市场生命周期示例，填写 1～3 年经营期内 P1、P2、P3、P4 4 种产品在各个市场的生命周期表（如表 2-20 所示，每个市场用不同颜色表示）。

表2-20 各市场生命周期表

产品生命周期		1-1	1-2	1-3	1-4	2-1	2-2	2-3	2-4	3-1	3-2	3-3	3-4
南部市场	P1												
	P2												
	P3												
	P4												

产品生命周期		1-1	1-2	1-3	1-4	2-1	2-2	2-3	2-4	3-1	3-2	3-3	3-4
东部市场	P1												
	P2												
	P3												
	P4												
中部市场	P1												
	P2												
	P3												
	P4												
北部市场	P1												
	P2												
	P3												
	P4												
西部市场	P1												
	P2												
	P3												
	P4												

二、现金流量表

一个正常经营的企业，在创造利润的同时，还应创造现金收益，通过对现金流入来源分析，就可以对企业创造现金的能力做出评价，并可对企业未来获取现金的能力做出预测。现金流量表所揭示的现金流量信息，可以从现金角度对企业偿债能力和支付能力做出更可靠、更稳健的评价。

现金流量表是财务报表的 3 个基本报告之一，所表达的是在一个固定期间内（可以查询每年的现金动态）企业现金的增减变动情形。通过现金流量表，可以概括反映经营活动和筹资活动对企业现金流入、流出的影响，可以准确把握企业资金的流向，为下一步经营者制定经营策略提供依据。

经营者端企业的现金流量表经营分析工具主要包含现金流量统计和现金流量明细两部分。其中现金流量统计主要是对经营期企业的现金流进行汇总统计，双击表中的某个会计科目后，现金流量明细表中将会根据使用的时间进行具体展示。以某网赛第三年采购原料的会计科目为例，如图 2-77 所示为其现金流量表示意图。

图2-77　现金流量表示意图

三、各组财务报表

企业的财务状况由企业对外提供的主要财务报告——利润表和资产负债表来表述，经营者需要通过分析财务报表来诊断企业的财务状况和经营成果，从而进行企业的下一步经营决策。

每年度经营结束后，经营者可以通过单击窗口左侧"辅助信息"下的"各组财务报表"项查看竞争对手的经营结果，分析其经营思路，如图 2-78 所示。

图2-78　查看各组财务报表

四、市场占有率

通常，企业的销售绩效并不能完全反映出相对于其竞争企业自身的经营状况。如果企业销售额增加，可能是由于企业所处的整个经济环境的发展，也可能是因为其市场营销工作较之其竞争者有相对改善。市场占有率则是剔除了一般的环境影响来考查企业本身的经营工作状况，可有效反映出较其竞争者企业自身的真实绩效。如企业的市场占有率提高，则表明较其他竞争者企业的绩效更好；如下降，则说明相对于竞争者企业绩效较差。

市场占有率是指在一定的时期内，企业所经营的产品在其市场的销售量或销售额占同类产品销售量或销售额的比重。在市场营销沙盘中，企业经营者可以按照经营时间（季度或年）查询所经营产品在各类销售渠道的市场占有率，如图2-79、图2-80所示为单品第1年第1季度和第1年度习惯型人群市场占有率示意图。

　　了解企业市场占有率之后，尚需正确解释市场占有率变动的原因。在市场营销沙盘中，市场占有率指标按销售数量统计，反映了企业在市场中销售产品的能力。分析可以在两个方向上展开，一是横向分析，二是纵向分析。横向分析是对同一期间各企业市场占有率的数据进行对比，以此确定某企业在本季度（年）的市场地位；纵向分析是对同一企业不同时期（年）市场占有率的数据进行对比，由此可以看到企业历年来市场占有率的变化，这也从一个侧面反映了企业成长的历程。

图2-79　单品第1年第1季度习惯型消费人群市场占有率示意图

图2-80　单品第1年度习惯型消费人群市场占有率示意图

五、订单分析

（一）直销订单

企业经营者可以通过单击窗口左侧"辅助信息"下的"直销中标公示"项和"直销订单信息"项，查询企业的直销订单信息。

1. 直销中标公示

经营者单击窗口左侧"辅助信息"下的"直销中标公示"项查询每年年初投标直销客户各个产品、各个市场的中标情况，包括中标账号、数量、价格、总金额、账期（季度）、交货期（季度）、ISO认证等，如图2-81所示为单品第1年度南部市场直销中标公示示例。

图2-81　单品第1年度南部市场直销中标公示示例

2. 直销订单信息

经营者单击窗口左侧"辅助信息"下的"直销订单信息"项查询本企业每年年初中标直销客户各个产品、各个市场的具体订单信息，包括中标账号、数量、价格、总金额、账期（季度）、交货期（季度）、ISO认证、功能及订单状态等，如图2-82所示为单品第1年度南部市场直销订单信息示例。

图2-82　单品第1年度南部市场直销订单信息示例

（二）批发订单

企业经营者可以通过单击窗口左侧"辅助信息"下的"招商广告信息"项和"批发订单信息"项，查询企业的批发订单信息。

1. 招商广告信息

经营者单击窗口左侧"辅助信息"下的"招商广告信息"项查询每年初本企业投标批发招商广告在各个产品、各个市场的费用明细，如图2-83所示为单品单年度各市场招商广告信息。

图2-83 单品单年度各市场招商广告信息

2. 批发订单信息

经营者单击窗口左侧"辅助信息"下的"批发订单信息"项查询每年年初本企业投标批发招商广告在各个产品、各个市场的中标情况，包括数量、价格、总金额、账期（季度）、交货期（季度）、ISO认证、综合指数、功能及订单状态等信息，如图2-84所示为单品第3年度各中部市场批发订单信息示例。

图2-84 单品第3年度各中部市场批发订单信息示例

（三）零售订单

企业经营者可以通过单击窗口左侧"辅助信息"下的"媒体中标信息"项、"零售订单信息"项和"各组零售订单"项，查询企业的零售订单信息。

1. 媒体中标信息

经营者单击窗口左侧"辅助信息"下的"媒体中标信息"项查询每年各季度各企业中标媒体广告信息，包括中标组、投标年、投标季度、媒体名称、产品名、时段名称、中标费用、影响力、关系值，如图2-85所示为媒体中标信息示例。

图2-85 媒体中标信息示例

2. 零售订单信息

经营者单击窗口左侧"辅助信息"下的"零售订单信息"项查询每年每季度本企业在各个产品、各个市场的零售渠道销售情况，包括零售商名称、产品、产品型号、消费人群、销售数量、销售价格、实收金额和折扣金额，如图 2-86 所示为本企业零售订单信息示例。

图2-86　本企业零售订单信息示例

3. 各组零售订单

经营者单击窗口左侧"辅助信息"下的"各组零售订单"项查询每年每季度各企业在各个产品、各个市场的零售渠道销售情况，包括账号、年度、季度、市场、零售商名称、产品、产品型号、消费人群、销售数量、销售价格、实付金额和返回金额，如图 2-87 所示为各组零售订单信息示例。

图2-87　各组零售订单信息示例

六、产品库存信息

经营者通过单击窗口左侧"辅助信息"下的"产品库存信息"项查询本企业的各个产品的库存情况，包括产品名称、产品型号、库存量等，如图 2-88 所示为产品库存信息示例。

图2-88　产品库存信息示例

七、零售商库存信息

经营者单击窗口左侧"辅助信息"下的"零售商库存信息"项查询本企业积压在各个零售商处的产品库存情况，包括市场、零售商名称、产品、产品型号、库存数量、成本、总成本和历史价格，如图 2-89 所示为零售商库存信息示例。

图2-89　零售商库存信息示例

八、企业信息

经营者通过单击窗口左侧"辅助信息"下的"企业信息"项查询企业总媒体影响力、上季度营业收入、ISO14000、ISO9000 等企业信息，以及各小组企业综合指数和产品在各个市场的影响参数（小组账号、产品、市场、历史优惠额度和销售额信息），如图 2-90 所示为企业信息示例（部分页面截图）。该分析工具为经营者准确把握零售市场中情感型人群和理智型人群的需求提供了决策依据。

图2-90　企业信息示例

【思考与探究】

模块内容：	学号：	姓名：	班级：	年　月　日

1. 通过本模块的学习，你掌握了哪些规则？

2. 在经营过程中你的企业有无资金缺口？如有，你是如何解决的？

3. 谈谈你对融资手段的认知？特别是在经营开始阶段，你是如何分配民间融资和短期贷款额度的？

4. 直销投标与招商广告有什么操作技巧和注意事项？

5. 有什么办法掌控 6 类人群，获得零售订单？

6. 有哪些特殊任务分析工具可以帮助经营者了解竞争对手，把握企业运营现状？

7. 你需要进一步了解或想得到解答的问题是：

8. 为了更好地教与学，你有何建议？

模块三 制定经营战略

企业为什么需要战略？

根本原因是因为资源有限。

战略没有好坏，只有适合与不适合。

适合自己的战略就是好战略。

比起能力者，我更欣赏策略家！

任务一 经营环境分析

学习目标

1. 理解企业经营的本质，掌握企业生存、发展和盈利法则
2. 掌握5大市场4种产品的生命周期
3. 正确把握市场走势，制定市场分析报告

在理解了经营规则，明确了经营目标之后，企业还需要认识自身所处的经营环境，并正确评估企业在群体博弈中所处的地位。唯有如此，企业才能够制定并运用恰当的竞争策略从而在激烈的市场竞争中处于主动地位，赢得时间、市场和利润，最终实现其经营目标。

一、经营环境分析的重要性

1. 了解市场整体经济环境，用于指导策略制定

在市场营销沙盘中，经营者通过分析市场调研报告，掌握每个季度的市场需求及市场需求波动率，从而衡量市场整体环境的好坏。同时，市场调研报告还给出了每一种产品不同人群的市场需求量及市场期望价格，有利于经营者制定总体经营战略及各部门的经营策略。

2. 分析市场竞争的激烈程度，有利于风险预控

在经营过程中，经营者通过查看市场占有率、直销中标公示、媒体中标信息、各组零售订单信息、企业信息等来了解各企业产品销售的价格策略、促销政策等，并由此判断竞争对手的经营意图、经营风格及人群竞争的激烈程度，据此分析市场竞争状况，为企业调整经营策略提

供依据。

3. 分析环境有利于发现并把握市场机会

在企业经营过程中，经营者要善于发现并抓住市场机会。例如，经营者需要随时关注竞争对手的价格策略、历史优惠额度、媒体中标信息，根据历史销售数据对本企业的销售策略进行适当调整，以增加交易机会。

二、经营环境分析的内容

经营初期，各经营团队的经营策略既是明确的，又是待定的。之所以说经营策略是明确的，是因为各经营团队在开展经营活动之前，经营者一般会大致制定几套基本的经营方案及经营的基本思路，以避免经营过程中乱了阵脚；之所以说经营策略又是待定的，是由于经营尚未开始，经营者对市场信息及竞争对手的信息尚未知晓，对经营环境缺乏了解，因此具体的经营策略很难提前确定。并且在经营过程中，随着竞争环境的不断变化，经营者需要根据变化适时适当地调整企业经营策略。

在市场营销沙盘的经营过程中，按照经营过程的推进，经营团队可从以下 3 个方面来进行经营环境的分析。

（一）经营初期环境分析

1. 预估竞争对手实力

合理预估竞争对手的实力，一方面有利于经营者调整好自身的经营心态，做到过程中遇事不慌乱；另一方面有利于经营者对前期经营策略的合理决策。例如，若预估竞争对手实力不强，则企业在扩张速度上可以更积极；而如果预估竞争对手实力很强，可能要面临激烈竞争，则企业在扩张速度上应偏向保守。当然，即便竞争对手实力不强，为降低不可预见的风险，企业在经营初期选择保守经营也会更加稳妥。

2. 分析市场预测图

市场预测是各企业能够得到的关于产品市场需求预测的可参考、有价值的信息，对市场预测的分析与企业的营销方案息息相关。经营者可以通过单击窗口左侧"市场部"下的"市场预测"项查询市场营销沙盘系统给出的不同产品在不同市场、不同渠道、不同时间（季度或年度）的潜在销售数量、销售价格的市场预测，相关预测图示例如图 3-1 ~ 图 3-6 所示（其中，图 3-5 横坐标代表各季度，如"1-1"代表第一年第一季度，下同）。经营者通过市场预测图，对每种产品价格趋势、需求趋势、生命周期、利润最高点、适合的销售方式等信息进行分析，最终制定企业的营销策略、产品策略及发展策略。

图3-1　直销市场数量预测图

图3-2　直销市场价格预测

图3-3　批发市场数量预测图

图3-4　批发市场价格预测图

图3-5　零售市场数量预测图

图3-6　零售市场价格预测图

3. 分析市场需求波动率

市场需求波动率将影响零售市场的实际需求量，尤其是当零售市场的基本需求量较大时，需求波动率对市场需求量变化的影响效果比较明显。需要经营者注意，市场需求波动率只是影响零售市场的需求量，不影响批发和直销订单的需求量。**市场实际需求 = 市场给定需求 ×（1 ±**

市场波动率），经营者按照市场波动率算出实际需求，然后进行零售产品分配。

4. 分析各人群市场需求量及价格水平

分析各类消费人群的需求量，有助于经营者选择目标市场，制定合适的营销策略，如图 3-7 ～图 3-14 所示为消费人群（零售市场）相关数据预测图。

图3-7 P1产品零售市场数量预测图

图3-8 P1产品零售市场价格预测图

图3-9 P2产品零售市场数量预测图

图3-10　P2产品零售市场价格预测图

图3-11　P3产品零售市场数量预测图

图3-12　P3产品零售市场价格预测图

图3-13　P4产品零售市场数量预测图

图3-14　P4产品零售市场价格预测图

5. 分析流行功能及流行周期

产品的流行功能及流行周期将决定产品的销售期限长短。在市场营销沙盘中，一共有 5 个零售市场，分别为南部市场、东部市场、中部市场、北部市场和西部市场；每一个市场均有两个零售商，各个零售商的市场覆盖率和市场敏感度不同。产品自身的流行功能及流行周期结合各零售商对市场的敏感度决定了零售商对产品的销售周期。

【练一练】

如 P1 产品第一季度流行功能 F1，其流行周期为 2 个季度，这意味着什么呢？

【练一练】

根据表 3-1，绘制各产品在每个零售商处的销售周期表，并将数值填入表 3-2 中。

表3-1　第一年产品流行功能与销售周期示例

产品	第一年				第二年				第三年			
	第一季度	第二季度	第三季度	第四季度	第一季度	第二季度	第三季度	第四季度	第一季度	第二季度	第三季度	第四季度
P1	P1F4(流行周期2季度)		P1F3(流行周期2季度)		P1F2(流行周期1季度)	P1F5(流行周期2季度)		P1F1(流行周期1季度)				
P2		P2F1(流行周期1季度)	P2F5(流行周期3季度)				P2F3(流行周期3季度)			P2F2(流行周期2季度)		P2F4(流行周期2季度)
P3		P3F4(流行周期2季度)		P3F1(流行周期1季度)	P3F5(流行周期3季度)				P3F2(流行周期2季度)		P3F3(流行周期3季度)	
P4		P4F4(流行周期2季度)		P4F1(流行周期3季度)			P4F5(流行周期4季度)					P4F2(流行周期3季度)

表3-2　产品在各个零售商处的流行功能

零售商	产品	第一年				第二年				第三年			
		1	2	3	4	1	2	3	4	1	2	3	4
A1	P1	无功能	无功能	无功能	无功能	（4）	（4）	（43）	（432）	（432）	（4325）	（43251）	（43251）
	P2												
	P3												
	P4												
A2	P1												
	P2												
	P3												
	P4												
B1	P1												
	P2												
	P3												
	P4												
B2	P1												
	P2												
	P3												
	P4												
C1	P1												
	P2												
	P3												
	P4												

零售商	产品	第一年				第二年				第三年			
		1	2	3	4	1	2	3	4	1	2	3	4
C2	P1												
	P2												
	P3												
	P4												
D1	P1												
	P2												
	P3												
	P4												
D2	P1												
	P2												
	P3												
	P4												
E1	P1												
	P2												
	P3												
	P4												
E2	P1												
	P2												
	P3												
	P4												

注释：

①1、2、3、4代表一年中的4个季度。

②"无功能"代表产品是初级产品，不带有任何功能。

③括号（）里面的数字代表某产品的功能，如"（4）"代表某产品的基本功能F4，（43251）代表某产品随着经营时间的推移，基本功能需要增加，分别为功能F4、F3、F2、F5、F1，此时，若要成交客户订单，经营者所生产的产品需要带有5个功能。

④阴影部分表示某市场在某时刻没有产品需求。

（二）经营过程中的环境分析

这一阶段的环境分析将贯穿于企业的整个经营期，包括从第一年经营开始至第三年经营结束，尤其是第一年和第二年的经营期中，各种经营策略变化较多，市场竞争环境不确定性较大，因此更需要经营者关注竞争对手的经营策略，以便寻求企业发展机会。

1.关注各组的经营状态

具体来看，经营者要关注竞争对手的销售渠道选择策略、价格策略、媒体策略、产品策略等。各策略相互作用、相互影响，经营者需要综合分析、整体把握。

（1）关注各组的销售渠道选择策略。

在市场营销沙盘经营过程中，经营者可以通过直销、批发和零售，分别得到大客户、渠道商和零售商的订单。

① 在直销环节，经营者想要了解拿单小组的具体信息，可以参与直销投标，因为投标结束时在投标公示处可以看到各组的中标情况及中标价格，但通过该操作经营者在得到对手信息的同时也需要花费一些成本费用；如果经营者的经验足够丰富，也可以不参与直销招标，等直销结束后，通过单击窗口左侧"辅助信息"下的"市场占有率"项查看直销订单的归属，并根据市场需求总量、各组市场份额的百分比计算出各组获得的订单数量并大致判断中标价格。

② 在批发环节，系统会根据每个产品在每个市场投入广告费用的多少，按照由高到低的顺序允许各组开始选单。经营者想要了解拿单小组的具体信息，可以参与批发招商广告投放，并在选单环节记下各组的选单顺序及订单信息。

注意：以上操作经营者在得到对手信息的同时需要花费一些成本费用，如果经营者的经验足够丰富，也可以等批发结束后，通过单击窗口左侧"辅助信息"下的"市场占有率"项查看批发订单的归属，并根据市场需求总量、各组市场份额的百分比计算出各组获得的订单数量并大致估出订单总金额。

一般来说，企业为巩固其综合指数领先的地位（特别是第一年第一季度），往往会花费较大的投入去抢夺批发订单。

③ 在零售环节，由于6类人群的成交规则不同，但彼此之间又相互联系，经营者需要准确判断各组直销和批发的订单交单时间，通过单击窗口左侧"辅助信息"下的"各组零售商订单"项可了解定价水平、促销策略，通过单击窗口左侧"辅助信息"下的"媒体中标信息"项可了解媒体投放市场选择与费用排名，通过单击窗口左侧"辅助信息"下的"企业信息"项可了解各组企业综合指数、历史优惠额度等信息，从而推测各组主打的零售策略。

（2）关注各组零售价格策略。

在每个季度媒体广告投标结束后，经营者可以通过单击窗口左侧"辅助信息"下的"各组零售订单"项查看各组的零售情况，可以从各组产品定价（销售价格）、优惠额度（折扣金额，反推促销策略）及各类消费人群订单归属推断各组的价格策略、促销策略及销售意图。在市场营销沙盘经营实战中，经营者给产品定价时需要针对不同的零售人群拟定定价目标和确定产品价格。若企业通过大力促销，抢夺不定型消费订单，往往意味着该企业为情感型消费人群的交易做铺垫；若企业通过低价销售，抢夺经济型及不定型消费订单，往往意味着该企业采取相对保守的经营策略。

（3）关注各组媒体策略。

每个季度媒体投标结束后，经营者即可通过单击窗口左侧"辅助信息"下的"媒体中标信息"项查看媒体中标情况，特别是中标小组媒体的投放金额，从而大致了解各组的媒体投放风格。同时，经营者还可结合各组的销售渠道选择策略、零售价格策略及媒体策略，制定本企业媒体广告策略。一般来说，若企业大力抢夺媒体广告，提高企业的综合指数，往往意味着该企业主要针对习惯型和理智型消费人群，产品定价相对较高。当然也有企业在经营初期（第一年第一季度）抢夺一定比例的媒体广告是为了保障一定的综合指数，以确保在该时段拿到情感型人群订单优先成交权。如果企业在经营过程中通过低价销售，以经济型和不定型消费订单为主，那么该企业一般不会投放高价的媒体广告。

（4）关注各组产品组合策略。

经营者可通过两种方法来了解各组的产品组合。

其一是通过查看各组零售订单，直观地查看各组零售的产品有哪些类型，从而判断其产品组合。

注意：此方法简单直观，但并不一定准确，因为有些小组可能研发并生产了新产品，但并未上架销售或者未能达成交易。

其二是通过年末财务报表进行分析判断。分析利润表中的管理费，以此推断所研究的小组花费的研发费用，进而推测其产品的研发情况。但这种分析方法需要耗费更多时间，并且需等年末各小组"关账"后才能看到对方的财务报表，有滞后性，且用处并不明显。因此建议经营者选择部分竞争对手进行分析判断即可。

2. 寻求各销售渠道的市场机会

（1）直销市场选择策略。

作为产品的一种销售渠道，直销虽然扮演着重要的销售角色，但企业可以根据自身情况，选择是否参加直销投标，放弃投标本身也是一种策略（当经营者预期无法以较高价格中标而获取利润，或者当企业有更好的销售渠道可以选择时，可以放弃直销，如第一年第一季度部分企业经营者会选择放弃）。

在第一年经营初期，各组企业综合指数基本上无差异（除非有的小组放弃 ISO9000 认证，导致综合指数偏低），且直销投标不用开发客户。因此，在不开发客户的情况下，经营者可以先参与直销报名，在购买标书之前，通过资格预审查看各个订单被投标的情况。如果存在有些直销订单没有企业投标的情况时，经营者再购买标书参与投标。采用此策略实际上是利用信息不对称（可能有些竞争对手不知道参与直销报名后，可以通过资格预审查看投标情况，从而存在信息不对称）参与竞争，如果经营者都知道该技巧，则竞争对手也会采取类似策略。此外，企业采用该策略时，应尽量将购买标书的时间压后，但要在直销倒计时结束前完成，以避免过早购买标书后其他小组有足够的时间再购买标书参与投标。

在第二年经营期中，直销订单数量并不大，且一般会存在几个企业抢夺直销订单的局面，再加上 4.0 版本的系统设定为企业投标的订单要收取订单原价一定比例的投标保证金，虽然结束投标后会返还投标保证金，但是对企业综合指数较低的小组一般可以选择放弃本年度直销订单。反之，如果企业的综合指数处于领先地位，指数领先越多直销的优势则越大，经营者可以在参与直销投标时先预估下主要竞争对手的直销价格，以及期望该直销订单的最低投标价格，据此根据直销订单综合得分公式计算出本组的直销订单投标价格。还有一种情况是某组综合指数处于中上游（不是指数第一），经营者需要分析直销的竞争情况：对于高价订单经营者可以较大幅度降低价格参与投标以提高中标概率；对于低价订单，经营者可以小幅度降低价格甚至原价参与投标；对于中等价位的订单，经营者可以给予适当的降价幅度。

在第三年经营期中，由于直销订单较多，综合指数高的企业考虑到投标保证金与企业资金的关系或者为避免因中标太多而导致大量违约，往往只能选择一部分直销订单参与投标。较理智的经营者往往会选择价格较高的订单参与投标，因此导致中低价位的订单会被指数第一的小组忽视，这就为综合指数较低小组的经营者带来了机会。由于企业投标的订单要收取订单原价一定比例的投标保证金，所以不论企业处于哪种情况，都要认真、仔细地研究直销订单和竞争对手状况，根据自身情况选择直销订单投标策略。

另外，在第三年经营期中，由于市场信息量较大，经营时间有限，一些企业最后可能放弃部分直销订单，因此，经营者应该在经营过程中有针对性地关注一些直销订单，以寻求这样被其他企业放弃的交易机会。

（2）批发市场选择策略。

在3种销售渠道中，企业通过批发渠道销售产品的平均价格是最低的。但是企业只要获得了批发订单，就可以收到相应的预付货款，这给缺乏运营资金的企业发展带来了机遇，可以利用预先收到的货款来保障企业的正常运营。当然企业在选择批发订单的时候需要考虑自身的生产能力，不要因为产能不足而在年末大量违约批发订单。当企业违约时，违约订单的本金及违约金将一并被收回，如果企业无法支付，则会面临破产。

在第一年经营初期，批发交易的作用主要在于提升企业的综合指数。当企业获得批发订单后，选择在某季度交货，交货后的下一季度该企业的综合指数将有较大的提升，这主要是由于第一年各组的总交易额均不大，而企业交付批发订单所形成的交易额在总交易额中占有很大的比重，从而提高了企业的综合指数。在第一年经营期中，如果经营者预期竞争对手会大力参与批发竞标，且不愿自己承担投了批发广告而拿不到理想订单的风险，他可能会选择放弃批发。

在第二、第三年经营期中，若企业拿到足够的直销订单，则往往会选择放弃批发广告投放；或者当经营者认为批发价格过低，即便获得订单也难以弥补成本，则也会考虑直接放弃批发广告投放。当然经营者可以根据市场调研报告给出的批发平均价格，以及依据不同产品在不同市场上的批发价格存在的较大差异，有针对性地选择某些细分市场，特别是选择一些价格较高的市场作为重点市场，参与批发竞单。

另外，在第三年经营期中，由于市场信息量较大，经营时间有限，一些企业往往会忽略或无暇顾及对部分批发市场的分析，因此，经营者应该在经营过程中有针对性地关注一些批发市场，以寻求这样被其他企业放弃的交易机会。

当企业面临资金短缺的情况时，经营者不得已必须依赖批发订单来解决流动资金不足的问题，使企业暂时渡过难关，求得生存和发展。如果企业在第二年有贷款（一般是不可避免的），且第二年年末所有者权益较低，则第三年年初将面临资金不足的问题。尤其是当企业有大量欠款需要偿还，且由于所有者权益太低没有贷款额度时，解决经营中的资金难题就只能依赖于批发。

（3）零售市场选择策略。

各产品在零售市场上均有6类消费人群，企业在经营过程中应适当关注各类消费人群的市场机会。通常在经营的第一年，由于需要关注的市场信息量并不大，各企业都会有比较充足的时间关注各类消费人群的交易情况，并与对手展开博弈竞争。但在经营的中后期，即第二、第三年经营期，由于市场信息量较大，经营时间有限，一些企业最后可能放弃部分直销订单，因此，经营者应该在经营过程中有针对性地关注一些交易细分，以寻求这样被其他企业放弃的交易机会。

例如，通过单击窗口左侧"辅助信息"下的"各组零售订单"项可以查看不同产品在各类消费人群中的交易情况。通过查看经济型消费人群的交易价格，对企业产品进行适当的价格调整，为下一季度达成交易提供条件；通过单击窗口左侧"辅助信息"下的"企业信息"项查看不同产品、不同市场的优惠额度，寻求不定型消费订单的交易机会，一旦达成目标，即可针对情感型消费人群进行产品销售；通过单击窗口左侧"辅助信息"下的"企业信息"项查看企业综合指数排名，寻求理智型交易的机会等。

（三）每年经营结束后的环境分析

每年经营结束后，各企业应将重点放在对各组财务报表、市场占有率的分析研究上。经营者通过对财务报表数据的分析，并对各组经营绩效、发展潜力、竞争态势等进行预测，为下一年经营策略的制定提供参考。

1. 各组财务报表分析

从财务报表中经营者可以分析出各组的经营状态，如各组的盈亏情况、产品库存情况、现金情况、贷款情况、厂房及生产线布局情况等，掌握这些信息有利于经营者了解各组的竞争地位及发展潜力。

2. 竞争态势分析

由于市场容量有限，一般来说，破产的企业越多，后续的竞争程度越不激烈。影响竞争程度的因素还包括：各企业的产品库存、生产线规模、综合指数、历史优惠额度和市场占有率等。因此，每年结束后，经营者需要分析竞争局面，了解剩余企业的数量、现有企业的所有者权益高低、产品库存量大小、产能大小、市场占有率、资金状况等因素，为下一年的竞争态势进行预测。

3. 综合指数分析

企业上季度销售额和企业媒体影响力对综合指数的影响占主导地位。随着经营的推进，媒体影响力的基数越来越大，因而单次媒体中标对提升企业综合指数的影响将越来越小。

企业经营者需要时刻关注各企业的综合指数，原因有以下两个。

① 企业综合指数的高低直接影响理智型消费人群的交易。

② 企业综合指数的高低也会影响直销中标的概率。经营者如果想通过提升企业综合指数提高直销中标概率的话，一方面应尽可能投放媒体广告并中标，但此操作往往需要付出较大的代价；另一方面应将直销、批发订单尽可能在第四季度交货，以及降低第四季度的零售价格以提升本企业的销售量（压制竞争对手的销售）。这样双管齐下将合力提升下一年初的综合指数。

4. 发展潜力分析

判断企业的发展潜力，需要综合考虑企业的整体经营状况，其中以下的 3 个指标比较重要。

① 企业的综合指数。特别要注意第三年第一季度综合指数很高的企业。综合指数高有利于企业以较高的价格参与直销竞标，若企业大部分产品是通过直销销售，则企业可以节省第三年的销售费用，如媒体广告费、货物配送费、零售商提成等。

② 企业所有者权益。所有者权益高，说明企业前期经营业绩较好，且企业的融资能力较强。

③ 企业的产品库存量及生产能力。库存量及生产能力说明了企业可供销售的产品数量，产品数量多，且能够将产品销售出去的企业，一般具备较强的成长力。

综上所述，如果企业在第二年年末拥有较高的所有者权益，财务状况良好且库存量较大，则说明企业具备良好的发展潜力。如企业库存量大、综合指数高，即使第二年企业的所有者权益较低，若能在第三年经营期以直销订单为主，批发和零售为辅，则企业往往也能取得非常好的经营业绩。

三、 产品生命周期

　　市场是企业的运转核心，对市场精确、敏感地把握是决定模拟企业经营所用策略的根本。只有明白市场的特点，才能让计划更有针对性，才能在此基础上去分析对手思路，最后决定企业用哪一种战略，如目标市场、人群和产品的选择，销售什么产品，主攻哪一类市场人群，开局是什么，最终目标是什么等。

　　因此作为企业的营销总监肩负的责任巨大，市场分析预测的准确性关系到企业日后的经营效益，一个决策的失误轻则将带给企业一定的损失，重则有可能导致企业破产。

　　以 10 组市场分析不同市场、不同产品、不同营销渠道的需求量变化和价格走势为例。在市场营销沙盘企业模拟经营过程中，各虚拟企业需要在规定的时间内经营 3 年（12 个季度）。随着时间的推移，经营过程一共出现 4 类产品，每类产品拥有 5 种功能型号。产品进入市场后，就如同人的生命一样，由诞生、成长到成熟，最终走向衰亡，这就是产品的生命周期现象。市场营销沙盘产品在不同市场的生命周期如表 3-3 所示，由于模拟经营一般只开展 3 年，这里的生命周期表也只列举了前 3 年。

表3-3　市场营销沙盘产品在不同市场的生命周期

产品生命周期		1-1	1-2	1-3	1-4	2-1	2-2	2-3	2-4	3-1	3-2	3-3	3-4
南部市场	P1	■	■	■	■	■	■	■	■	■			
	P2		■	■	■	■	■	■	■	■	■	■	■
	P3			■	■	■	■	■	■	■	■	■	■
	P4				■	■	■	■	■	■	■	■	■
东部市场	P1			■	■	■	■	■	■	■	■	■	■
	P2			■	■	■	■	■	■	■	■	■	■
	P3			■	■	■	■	■	■	■	■	■	■
	P4				■	■	■	■	■	■	■	■	■
中部市场	P1					■	■	■	■	■	■	■	■
	P2					■	■	■	■	■	■	■	■
	P3					■	■	■	■	■	■	■	■
	P4					■	■	■	■	■	■	■	■
北部市场	P1						■	■	■	■	■	■	■
	P2						■	■	■	■	■	■	■
	P3						■	■	■	■	■	■	■
	P4						■	■	■	■	■	■	■
西部市场	P1										■	■	■
	P2										■	■	■
	P3										■	■	■
	P4										■	■	■

四、产品需求分析

知己知彼，方能百战而不殆，市场需求预测是企业市场营销活动中不可缺少的环节，其结果的准确性将对企业经营决策的成败起到至关重要的作用。因此经营一家企业从事市场营销活动需要熟悉自身的业务能力，了解你的竞争对手，了解市场信息，特别是实施竞争之前，要细心研究各市场产品需求状况，为企业的营销决策提供科学的依据。市场预测中4类产品需求数量在各个市场的分布情况如表3-4所示。

表3-4　市场预测中4类产品需求数量在各个市场的分布情况

产品	市场	第一年						第二年						第三年					
		直销	批发	零售1	零售2	零售3	零售4	直销	批发	零售1	零售2	零售3	零售4	直销	批发	零售1	零售2	零售3	零售4
P1	南部	184	370	392	346	301	255	80	162	210	164	119	73	4	8	28	0	0	0
	东部	0	0	0	0	40	45	23	23	48	49	48	46	13	13	40	33	24	13
	中部	0	0	0	0	0	0	0	0	0	40	46	52	30	30	57	60	64	65
	北部	0	0	0	0	0	0	0	0	0	0	0	40	26	26	46	52	56	60
	西部	0	0	0	0	0	0	0	0	0	0	0	0	0	0	0	0	40	46
P2	南部	0	0	0	0	0	40	137	137	42	45	47	48	149	149	50	50	50	50
	东部	0	0	0	0	40	40	119	119	40	40	40	39	110	110	38	38	36	35
	中部	0	0	0	0	0	0	0	0	0	40	40	41	120	120	41	40	40	39
	北部	0	0	0	0	0	0	0	0	0	0	0	40	130	130	42	43	44	45
	西部	0	0	0	0	0	0	0	0	0	0	0	0	0	0	0	0	40	42
P3	南部	0	0	0	0	0	15	47	120	16	17	18	19	59	152	21	22	23	24
	东部	0	0	0	0	15	15	47	120	16	17	18	19	57	144	20	21	22	23
	中部	0	0	0	0	0	0	0	0	0	15	16	17	53	136	18	19	21	22
	北部	0	0	0	0	0	0	0	0	0	0	0	15	47	120	16	17	18	19
	西部	0	0	0	0	0	0	0	0	0	0	0	0	0	0	0	0	15	15
P4	南部	0	0	0	0	15	15	120	47	16	17	18	19	144	57	20	21	22	23
	东部	0	0	0	0	0	15	107	42	15	15	16	16	119	47	17	17	18	18
	中部	0	0	0	0	0	0	0	0	0	15	15	16	115	45	16	17	17	18
	北部	0	0	0	0	0	0	0	0	0	0	0	15	105	40	15	15	15	16
	西部	0	0	0	0	0	0	0	0	0	0	0	0	0	0	0	0	15	15

通过购买市场调研报告，企业经营者可以直接获取行业内不同类别产品的市场需求信息、产品期望价格、产品流行功能及周期，以及市场需求波动率情况。以第一年为例，企业经营开始后，学生通过购买南部市场（或其他市场）的调研报告，可以得到各季度该市场的需求波动率情况及各产品（P1、P2、P3和P4）的流行功能及周期信息；直销、批发渠道的需求数量、市场平均价格；零售渠道各类消费人群（情感型消费人群、习惯型消费人群、理智型消费人群、冲动型消费人群、经济型消费人群和不定型消费人群）的具体需求数量及市场期望价格。需要注意的是，市场预测图提供的只是该产品在本次经营活动过程中的大致走势，与实际需求数量还是有一定差距的，实际经营时各经营者应该以市场调研报告提供的数值为准。如图3-15

所示，第一年第一季度时，南部市场 P1 的市场需求数量预测图给出的数据是 392，调研报告提供的零售商各类消费人群的需求数量总和是 353 件，结合市场波动率 8%，实际需求数量为 381 件。此时经营者应该以调研报告的数据作为企业经营的参考依据。

图3-15　市场预测和调研报告数值比较

季度	产品	直销		批发		零售						
		平均价格	需求量(件)	平均价格	需求量(件)	市场期望价格	习惯型(件)	理智型(件)	冲动型(件)	经济型(件)	情感型(件)	不定型(件)
1	P1	9.68	184	6.40	370	8.96	45	0	0	66	0	242
2	P1	9.68		6.40		10.56	44	44	0	69	44	142
3	P1	9.68		6.40		11.02	47	39	39	52	39	86
3	P4	12.21		10.86		13.57	2	2	2	2	2	4
4	P1	9.68		6.40		13.04	38	35	35	46	32	60
4	P2	9.39		8.34		10.43	6	6	5	7	6	10
4	P3	10.60		9.42		11.78	2	2	2	2	2	3
4	P4	12.64		11.23		14.04	2	2	3	3	3	4

任务二　市场定位

学习目标

1. 了解市场定位的方式与原则
2. 掌握 4 类产品的特征，利用"波士顿矩阵"对企业进行产品定位
3. 掌握 6 类零售消费人群的规律，选定企业目标人群

　　根据现代营销理论，市场定位涉及 3 个层次的定位：产品定位、人群定位和企业定位。但是，对一位刚刚涉足网上交易的经营者来说，开始产品定位和人群定位为时尚早，需要急迫解决的是企业定位问题。对企业进行市场定位的过程就是寻找企业差别化的过程，即寻找差别、识别差别和显示差别的过程。

　　所谓市场定位，就是根据目标市场上同类产品的竞争状况，针对买家对该类产品某些特征或属性的重视程度，并结合自身的情况，为自己的企业及所经营的产品塑造有针对性的、强有

力的、与众不同的鲜明个性或形象，并将这种个性或形象生动有力地传递给目标顾客，以求得顾客认同，从而使得顾客在众多企业中一眼就认出自己的企业。市场定位的实质是使自己的企业与其他企业严格区分开来，并且使顾客能够明显感觉和认识到这种差别，从而使企业在顾客心目中占据特殊的地位。

一、市场定位的方式与原则

1. 市场定位方式

企业市场定位实际上是一种竞争策略，它显示了一种产品或一个企业与同类产品或同类企业之间的竞争关系。对企业的定位方式不同，它的竞争态势就不同。企业的市场定位方式如表3-5所示。

表3-5 企业的市场定位方式

定 位 方 式	具 体 分 析
避开对手	这是一种避开强有力的竞争对手的市场定位。优点是能够迅速在市场上站稳脚跟，并能在目标顾客群心中迅速树立起自己企业的形象。由于这种定位方式市场风险较小，成功率较高，常常为大多数新手经营者所采用。 在市场营销沙盘经营过程中，新手往往采取保守定价的促销策略，以控制自己的资金链，企业比较容易存活，但拿到第一名基本无望
与对手"对着干"	这是一种与市场上最强的竞争对手"对着干"的定位的方式，也叫"迎头对位"。这种方式是一种危险战术，很容易导致失败，但一旦成功就会取得巨大的市场优势。 在经营开局阶段一般采用高价向媒体拿习惯（理智人群打法）和期望价0折抢不定（情感人群打法）的策略，最终目的是为了提高企业的综合指数。一般理智的风险比较大，操作不当综合指数后期容易被反超，但是一旦成功，就会取得市场和利润的回报，正所谓"富贵险中求"
二次定位	通常是指对销量不高、市场反应差的产品进行二次定位。这种定位旨在摆脱困境，重新获得增长与活力。 一般有经验者为了避免第一年的激烈竞争，前期采用保守策略，后期再发力，这对经营者的捕捉市场能力、经营能力的要求较高

2. 市场定位原则

准确的市场定位是要掌握各类人群成交的原则，使自己提供的产品满足特定人群的需求。在进行市场定位时，要遵循的市场定位原则如表3-6所示。

表3-6 市场定位原则

原 则	具 体 分 析
有度量的标准	定位选择的细分标准应该是可以衡量的，很难度量的标准是不可用的，它们有着相同的消费需求和类似的消费行为
市场要成规模	目标市场必须具备一定的市场规模，有足够的需求量。因为，规模小的目标市场购买力相应也小，所能贡献的利润就少，如果投资过大，投入精力过多，就会得不偿失
市场要求精准的范围	目标市场内的潜在目标顾客必须具备几个基本相同的条件，如人群成交规则，这样才能明确划分出目标市场的范围
市场应保持长期稳定	定位后的目标市场应该在一定时期内保持相对稳定，这样有利于经营者制定一些中长期营销措施，以保证企业获得长期稳定的利润

二、产品分析与定位

（一）产品分析

在对市场进行分析后，企业还要精确、敏感地把握各个类别的产品。只有了解每一类产品的特点，才能让计划更有针对性，才能在这个基础上去分析对手的思路，最后决定企业采用哪一种战略。

1. 产品类型特征

在市场营销沙盘中，涉及的产品只有 4 种，分别用 P1、P2、P3 和 P4 表示。每种产品包含 F1、F2、F3、F4、F5 5 种不同的产品型号，即产品所附带的流行功能。经营初期企业仅能生产 P1 产品，企业若想生产其他产品则需要进行相应周期（一般为 3 个季度）的产品研发，研发完成后当季度即可安排新产品的生产。

2. 产品需求特征

市场营销沙盘虚拟市场中的产品数量需求有 3 种，即直销需求、批发需求和零售需求，零售需求又根据不同人群分为情感型消费人群需求、习惯型消费人群需求、理智型消费人群需求、冲动型消费人群需求、经济型消费人群需求和不定型消费人群需求。不同类型的销售渠道在不同的时间节点对产品的数量需求有所不同。直销和批发需求数量往往只发布在每年的年初，而零售需求数量发布则贯穿于整个经营周期，而且随着经营周期的推移各个产品的直销、批发和零售数量在各个需求市场的需求波动不一（如市场上 P1 产品的直销、批发需求随着经营周期的推移大幅度缩减，第一年年初需求量为 184 件，第二年年初需求量为 103 件，第三年年初需求量降为 73 件；市场上 P1 产品的批发需求第一年年初需求量为 370 件，第二年年初需求量为 185 件，第三年年初需求量降为 77 件）。但从全局来看，无论是直销、批发还是零售，市场所有渠道产品的需求数量总和都是随着经营周期的推移呈现增长的态势。

在系统市场预测中，4 种产品直销、批发、零售的数额是固定的，具体数值如下：直销需求为 2 145 件，批发需求为 2 467 件，零售需求为 5 540 件，合计 10 152 件。

3. 市场波动率决定零售产品的实际需求，零售定价决定实际销售数量

企业通过购买市场调研报告可以查看各产品的零售市场需求量，而市场的实际需求量还受市场波动率的影响。企业的实际销售量并不一定等于市场实际需求量，还受企业零售价格的影响。

实际需求数量 = 市场调研报告预测的零售需求数量 × （1+ 市场需求波动率）

实际销售数量 = 实际需求数量 × （1- 销售数量变动率）

销售数量变动率 = [（销售价格 - 市场期望价格）/ 市场期望价格]× 价格需求弹性系数。

其中：P1 的价格需求弹性系数为 0.8；P2 的价格需求弹性系数为 0.9；P3 的价格需求弹性系数为 1；P4 的价格需求弹性系数为 1.2。

理解市场需求波动率有利于经营者了解零售市场对各产品的实际需求情况，理解销售数量变动率有利于经营者了解实际需求数量的影响因素，及企业定价对不同价格需求弹性系数产品的实际销售数量的影响，从而为经营者制定合理的价格决策提供了依据。

4. 产品具有生命周期

所有产品都具有特定的流行趋势，一般来讲都会是一个凸形的模型，但由于市场营销系统只设置了 4 种产品，以及一般只经营 3 个年度，所以产品的生命周期凸形模型呈现得不是很明显。但是每一类产品都包含 F1、F2、F3、F4、F5 5 种不同的产品型号（即产品所附带的流行功能），经营者可以通过流行周期明确一个产品项目能够销售的期限，也就是产品的生命周

期。消费者总是对新鲜的事物感兴趣，若将已经过了销售期的产品配货给零售商上架销售，或者在零售商之间进行货物调拨，不仅产品无法销售也浪费了配货费用或者产品调拨费用。

根据表 3-2 所示的产品在各个零售商处的流行功能情况，可绘制出 P1 的各功能流行周期，如图 3-16 所示。

（扫描二维码，观看原图）

图 3-16　P1 的各功能流行周期

（二）产品定位

在实际经营过程中，很多人将经营不善归结为销售订单太少、批发广告费用太高、媒体广告费用太高、贷款能力不够等，但这些往往是表面现象。"产品定位"失败却极易被忽视，很多经营者在经营时业绩已经不佳，但仍然按照原来的思路操作，该进入的产品市场没有进入，该放弃的产品还在"鸡肋"式的经营，甚至到结束时，仍然没有明白"为什么我没有利润"。

市场营销沙盘的精髓在于深刻体验并理解企业运营中"采、供、销、人、财、物"之间的逻辑关系，从而引申到对计划、决策、战略、流程和团队合作等方面知识的认识。如不能透彻"剖析"各产品的定位，度量每个产品对企业的"贡献"并随时修正经营策略，无疑将使企业经营陷于混乱。

"波士顿矩阵"是一种进行"产品定位"分析的好方法，如图 3-17 所示。该方法主要考查两个指标：一是相对市场占有率，在市场营销沙盘模拟中，根据笔者的经验，某业务销售额在所有企业中居前 30%，可以认为是"高"市场份额，反之为"低"市场份额；二是市场增长率，市场增长率 =（本年总销售额 - 上年总销售额）/ 上年总销售额 ×100%，若大于 30% 则属"高"增长率，否则定义为"低"增长率。根据以上两个指标，将一个平面分成 4 个象限，分别定义为问题型业务——种子业务、明星型业务——增长业务、金牛型业务——成熟业务，以及瘦狗型业务——萎缩业务。

图 3-17　波士顿矩阵

1. 问题型业务——种子业务

问题型业务指的是高增长、低市场份额的产品，在这个领域中常出现一些投机产品，带有较大的风险。这些产品可能利润很高，但占有市场份额很少。发展问题型业务，意味着企业需要投入大量的现金。问题型业务非常贴切地描述了对待这类业务的态度，必须慎重回答"是否愿意继续或者扩大投资，发展该业务"这个问题。只有符合企业发展长远目标、具有资源优势、能够增强企业核心竞争力的业务才能得到肯定的回答。

2. 明星型业务——增长业务

明星型业务领域中的产品处于快速增长的市场且占有支配地位的市场份额，但是否会产生正向资金流则取决于生产成本、媒体广告费用等对资金的需求量及促销折扣对销售额的缩减。明星型业务是由问题型业务发展起来的，可以视为高速增长市场中的领导者，它将成为企业未来的金牛型业务。因为市场还在高速成长，企业必须继续投资，以保持与市场同步增长，并击退竞争对手。企业如果没有明星型业务，就失去了发展的希望。

3. 金牛型业务——成熟业务

处在金牛型业务领域中的产品会产生大量现金，但未来的增长前景有限。它是成熟市场中的领导者，是企业现金的来源。由于市场已经成熟，企业不必大量投资来扩展市场规模；同时作为市场中的领导者，该业务享有规模经济和高边际利润的优势，因而给企业带来大量的现金流。企业往往用金牛型业务来支付账款和支付其他业务需要的现金。

4. 瘦狗型业务——萎缩业务

瘦狗型业务不能产生大量的现金，也不需要投入资金，其未来没有发展的必要。通常这类业务是微利甚至是亏损的。但可能由于情感的因素，很多企业经营者不愿放弃，或者因为其他业务还没有开发出来，只能依靠现有的瘦狗型业务勉强度日。正确的做法是采用收缩战略，及时转移到更有利的领域中。

三、零售目标人群定位

企业在年初接到直销订单和批发订单之后就需要组织产品生产以按时交付订单，并且企业生产的产品还可以通过零售渠道来销售以提高市场占有率获取利润。零售渠道贯穿于整个经营周期，是企业创造最大收益的重要来源。

目标人群是指零售渠道目标顾客群体，谁能留住顾客，谁就能得利，谁就能赢得更多的顾客，谁就是市场竞争中的王者。目标人群定位就是企业要留住的顾客群体，需要深入地去分析了解企业的顾客群体，了解他们的购物习惯（规则），知己知彼方能掌握全局。市场营销沙盘系统给出了6类消费人群，分别是情感型消费人群、习惯型消费人群、理智型消费人群、冲动型消费人群、经济型消费人群和不定型消费人群。人群的成交顺序为：情感型消费人群→习惯型消费人群→理智型消费人群→冲动型消费人群→经济型消费人群→不定型消费人群。

随着经营进程的推进，企业经营的产品越来越多，可供销售的市场范围越来越广，经营者需要时刻关注市场信息，如通过辅助菜单中提供的信息关注各种产品媒体中标情况、企业综合指数等，寻找习惯型、理智型订单的交易机会；通过辅助菜单中提供的信息关注各种产品在各个市场上的优惠额现状，各产品销售的价格水平等，寻找不定型、情感型、经济型等订单的交易机会；通过辅助菜单中提供的信息关注各种产品在各个市场上销售的价格水平、产品功能流行周期、零售商市场敏感度等，寻找冲动型订单的交易机会。

1. 情感型消费人群

由于某市场上情感型消费人群购买某商品的条件是看企业在该市场该产品的历史优惠额的多少，优惠额最大的优先成交，而最容易提升企业历史优惠额的销售途径是将产品销售给不定型消费人群。情感型消费人群订单以历史优惠额度高低来判断订单归属，主动权掌握在历史优惠额最高者手中，且历史优惠额度是已知的，即情感型订单归属可以提前确定。

对于某个市场某个产品历史优惠额度高的小组来说，下季度该产品在该市场的情感人群订单数量取决于产品的定价。如果企业想拥有该市场该产品的最大市场份额，只要企业制定的价格合理，如定价不高于市场期望价就能获得100%的市场份额，也就是可以拥有最大的市场份额；如果企业追求自身利润最大化，往往产品的定价较高，但定价不宜超过期望价格的2倍，同时还需要考虑商品的需求价格弹性。企业为获取最大利润，往往意味着需要放弃一部分市场订单。

2. 习惯型消费人群

习惯型消费人群属于媒体主导型，即按照企业媒体中标所获得的影响力占各组媒体影响力之和的比例来分配订单，如果企业放弃媒体广告或投放的媒体广告未能中标，或者虽然有中标，但其影响力不足以分配到一个订单，均属于无法销售习惯型订单的情况。

在企业媒体有中标的情况下，企业的定价将会影响习惯型订单的销售量，因此企业若想销售习惯型订单，则必须媒体中标，且媒体影响力大到能够分配到订单，在此过程中，价格对所能分配的订单数量有影响。要计算各种习惯型订单的销售数量，首先需要计算习惯型订单的实际需求数量，然后按照各种媒体影响力所占比例及企业定价，确定企业所能获得的习惯型订单分配数量。

3. 理智型消费人群

理智型消费人群属于综合指数主导型，由企业的综合指数高低来衡量订单归属。综合指数高低主要受媒体影响力和上一季度交易额的影响，虽然不能像情感型订单那样提前判断归属（在媒体投放未结束前不知道媒体中标情况），但预判的可能性也比较大，尤其是当企业综合指数差距较大的时候。

理智型消费人群与情感型消费人群有着同样特殊的地方，就是一旦取得绝对的领先优势（理智型消费人群是综合指数领先，情感型消费人群是历史优惠额度领先），下季度产品在市场的人群订单数量将取决于产品的定价。如果企业想拥有该市场该产品的最大市场份额，只要制定合理的价格，如定价不高于市场期望价就能获得100%的市场份额，也就是可以拥有最大的市场份额；如果企业追求自身利润最大化，往往产品的定价较高，一般定价不宜超过期望价格的2倍，同时还需要考虑商品的需求价格弹性。企业为获取最大利润，往往意味着需要放弃一部分市场订单。

4. 冲动型消费人群

冲动型消费人群的交易是以流行功能为主导，它的交易条件相对独立。一般来说，由于冲动型消费订单以流行功能为主导（还需要考虑零售商市场敏感度），而增加功能将导致产品的直接成本上升，因此经营者通常期望以高价来达成交易。但如果有多家企业抢夺冲动型消费订单时企业则很难实现高价销售，所以当将冲动型消费人群被视为企业的目标顾客群体时，企业需要时刻关注冲动型订单的历史交易价格，并善于捕捉市场机会。

5. 不定型消费人群

不定型消费人群属于促销活动主体。企业要想将产品销售给不定型消费群体必须满足两个基本条件：一是产品的价格不能高于期望价，二是必须要有促销。以上两个条件是最基本的交易门槛，不定型消费人群到底购买谁的产品取决于促销后的价格，促销后价格低者优先成交。如果促销后的价格相同，则比较企业综合指数综合，指数高者优先成交，此外促销对其他 5 类消费人群同样有效。

企业以不定型消费人群为目标顾客，一般都是出于两个目的：一是获得情感型消费订单做铺垫，但往往是以亏本销售为代价；二是提升产品的销售量，往往是通过压低利润来销售。在此情况下经营者可以考虑几种销售组合：一是不定型＋情感型，前期通过不定型订单做足优惠额，待时机成熟可成交销售情感型订单；二是不定型＋经济型，同时兼顾两种消费人群。

6. 经济型消费人群

经济型消费人群属于价格主导型，如果针对某一产品某企业的定价低，则经济型消费人群会优先购买该企业的产品。企业以经济型消费人群为目标顾客群体时，不同的经济时期可以制定不同的销售目标，如以清库存为目标，以销售获利为目标。这里需要特别强调的是，以经济型消费群为目标顾客群体时，企业可以同时兼顾不定型消费人群。因为当企业以经济型消费人群为目标顾客时，其定价通常低于期望价，满足了不定型消费人群交易的第一个条件。而不定型订单交易的第二个条件是企业必须有促销活动，实际上当以低于期望价格销售产品时，只要给予一个象征性的小促销，即可以同时满足不定型订单的两个交易条件。对企业而言，促销产生优惠额几乎可以忽略不计，但销售数量却可能会大幅增加。

综上所述，经营者在制定经营策略时，首先要明确产品的销售对象，其次需要考虑各类消费人群的交易规则，有目的地实施销售计划，以使其销售行为可持续。尽可能使企业的销售策略覆盖尽可能多的消费人群。

在竞争市场中企业很难在利润和市场份额两方面都实现最大化。因此企业在制定价格时，往往需要在市场份额最大化和利润最大化之间寻求一个平衡，企业若是更多考虑利润则需要接受竞争对手将分享一部分市场订单，而企业若是出于压制竞争对手增加市场份额的考虑，则往往需要采取更有竞争性的定价，当然在一定条件下企业也可能同时实现独占市场和获取利润最大化的双重目标。

任务三　经营策略制定

🔍 学习目标

1. 掌握企业销售的各种渠道订单成交规则，提高订单成交率
2. 掌握不同类型生产线的特点，合理制订生产计划
3. 掌握各种融资方式，减少资金的使用成本

　　基于各个职能部门的角度，市场营销沙盘经营策略主要涉及 3 个方面：渠道策略、生产策略及融资策略。

一、渠道策略

　　随着卖方市场的出现，生产企业间的竞争日益激烈，营销虽然不是企业成功的唯一因素，但却是关键因素。营销是企业的基础，不能将它看成单独的职能。企业经营的成功与否不取决于生产者，而取决于顾客。当今，营销已成为企业经营活动首先考虑的第一任务，这一点在市场经济成熟的发达国家中显得尤为明显。在市场营销沙盘中，营销同样非常重要，是企业经营成败的关键因素。沙盘系统中的营销渠道有以下 3 种。

（一）直销策略

1. 直销市场需求分析

　　直销是企业经营过程中将面对的第一种销售渠道，采用招投标的方式进行，以综合评分法为原则，在每年第一季度进行。

　　如图 3-18、图 3-19 所示，可以得到以下几点信息：一是，第一年只有南部市场有 P1 产品的直销需求；二是，P1 产品的直销需求逐年递减，P2、P3、P4 产品的直销需求随着经营时间的推移逐年增长，P2、P4 需求数量呈现成倍增长，P3 的市场需求增长最快，接近 2.3 倍；三是，从整个经营周期的直销需求数量来看，P1 产品占 17%，P2 产品占 36%，P3 产品占 14%，P4 产品占 33%，由此可见，若企业将直销作为销售产品的主要渠道则应以生产 P2 和 P4 产品为主。

	P1	P2	P3	P4
■ 第三年	73	509	216	483
■ 第二年	103	256	94	227
■ 第一年	184			

（扫描二维码，观看原图）

图 3-18　各年度直销市场需求数量（单位：件）

图 3-19　各年度、各市场直销产品需求数量分布（单位：件）

（扫描二维码，观看原图）

2. 直销竞标策略

在直销环节，如果经营者想要了解拿单小组的具体信息可以参与直销投标，因为投标结束时在投标公示处可以看到各组的中标情况及中标价格，以上操作经营者在得到对手信息的同时也需要花费一些成本费用；如果经营者的经验足够丰富，也可以不参与直销招标，等直销结束后，通过单击窗口左侧"辅助信息"下的"市场占有率"项查看直销订单的归属，并根据市场需求总量、各组市场份额的百分比计算出各组获得的订单数量，并大致判断中标价格。

根据直销规则，直销订单的中标者是由综合评分法来确定，影响直销订单中标的因素有两个：一是投标价格占 60% 的权重，二是企业的综合指数占 40% 的权重。我们可以根据综合指数高低将企业分为高、中、低 3 个类别，第一类是综合指数较高的企业，第二类是综合指数居中的企业，第三类是综合指数较低的企业。对于第一、二类企业一般会将直销重点放在价格较高的直销订单上，第三类企业可能有一部分放弃直销，从而给企业带来值得尝试的机会。通过查看企业信息的各小组企业综合指数表，可以获得各组准确的综合指数，所以直销投标的关键在于企业是否在综合指数上有足够的优势，并且可以准确预估竞争对手的出价，这有助于企业制定合理的直销竞标策略。

（1）放弃策略。

当企业预期无法以较高价格中标而获取利润（指企业综合指数处于劣势，直销投标价格高则中标无望，价格低则得不偿失的情况），或者当企业有更好的销售渠道可以选择时可以放弃直销投标，放弃本身也是一种策略。

（2）投机策略。

投机策略，也可以称为捡漏策略。企业综合指数较低，直销投标无竞争优势时，经营者以机会主义心理参与直销投标，即企业参与投标的订单没有竞争对手参与竞争。企业综合指数很低时，灵活运用投机策略，将重点放在低价直销订单上，则可能会原价中标。

【想一想】

综合指数低，企业有可能以较高的价格中标直销订单吗？为什么？

（3）霸王策略。

霸王策略，也可以称为领导者策略，企业拥有排名第一的综合指数。领导者的企业综合指数领先越多，则直销的优势越大。对于领导者而言，在参与直销投标时可以预测主要竞争对手（如综合指数排名第二的小组）的直销价格，并预测该直销订单的最低投标价格，据此根据综合得分的计算公式来计算本组的投标价格。

在制定投标价格的时候，还需要考虑以下 4 个因素：

① 需要考虑企业的产能情况。在制定投标策略前，需要明确企业自身各产品的库存数量、产能等，并据此选择直销订单的数量。

② 需要考虑综合指数的优势大小。当领导者的综合指数遥遥领先时，直销优势最大。相反如领导者综合指数虽然排名第一，但与排名第二、第三的企业综合指数相差不大时，其控制直销价格的能力相对较弱。定价高可能难以中标，定价低可能中标太多，从而导致大量订单违约。此时领导者可以尝试以不同的价格档次投标，一旦因中标太多违约时，尽量违约低价订单以减少违约金支付。

③ 需要考虑整体市场的竞争激烈程度。特别是在第三年参与直销投标时，领导者需要注意整体市场的竞争程度。一方面，如果有些经营不善的企业已经破产，则整体市场竞争将趋于缓和，领导者可以适当提高直销投标价格；否则如竞争激烈则应适当降低投标价格。另一方面通过查看各自的财务报表，了解各组的库存及生产能力来判断市场的总体供求关系，进而为直销投标提供评判依据。

④ 需要考虑零售市场环境的好坏。判断零售市场环境，一要了解各市场的市场波动率，二要了解各市场的零售期望价。当零售市场环境好时（即市场波动率较大且为正值或零售期望较高时），直销价格可以适当上调，即使通过直销销售不完也可以通过零售渠道来弥补；当零售环境较差时（即市场波动率较大且为负值或零售期望较低时），直销价格可适当下降，尽量通过直销销售所有产品。

（4）渔翁策略。

渔翁策略，也可以称为追随者策略。所谓追随者，指的是综合指数并不处于领先地位，但紧跟领导者排在第二阵营的企业。追随者的数量可以仅是 1 家企业，也可能是 2～4 家企业，关键要看各企业之间综合指数的差距大小。对于追随者而言，需要分析直销的竞争情况，来选择直销订单参与投标。当竞争较为激烈时，追随者可能既要和领导者正面竞争，还要与投机者进行竞争。

其实直销投标定价过程也是和竞争对手博弈的过程。追随者策略的定价没有固定模式，只要能够中标且中标后能获得满意的利润即是可行的。鹬蚌相争，渔翁得利，一般来说追随者策略定价可以参考以下模式：高价订单可以以较大幅度降低价格参与投标，以提高中标的概率；低价订单可以再降低价格，甚至以原价参与投标；中等价位订单给以适当的降价幅度即可。

（二）批发策略

1. 批发市场需求分析

批发是企业经营过程中将面对的第二种销售渠道，按照每个市场上招商广告投放数量的高低依次轮流选单，在每年第一季度进行。需要注意的是，通过批发渠道销售的产品的平均价格是最低的。

如图 3-20 和图 3-21 所示，可以得到以下几点信息：一是第一年只有南部市场拥有 P1 产品的批发需求；二是 P1 产品的批发需求逐年递减，P2、P3、P4 产品的批发需求随着经营时间的推移逐年增长，P2、P3、P4 需求数量呈现成倍增长，P3 的市场需求增长最快，接近 2.3 倍；三是从整个经营周期批发需求数量来看，P1 产品占 26%，P2 产品占 31%，P3 产品占 32%，P4 产品占 11%，可见若企业将批发作为销售产品的主要渠道则应以生产 P2 和 P3 产品为主。

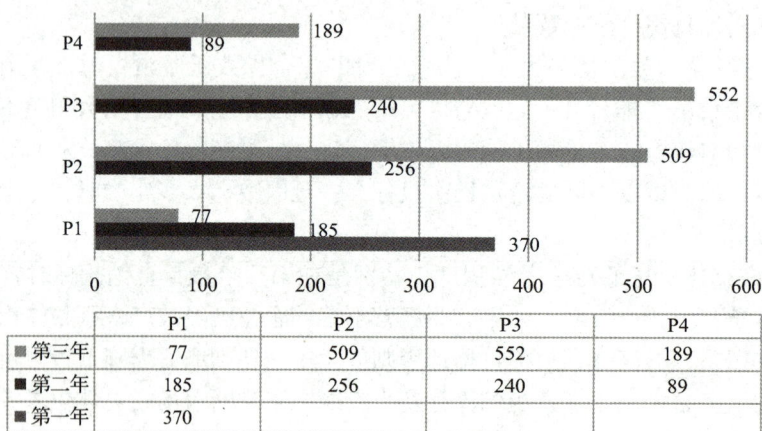

	P1	P2	P3	P4
第三年	77	509	552	189
第二年	185	256	240	89
第一年	370			

（扫描二维码，观看原图）

图 3-20　各年度批发市场需求数量（单位：件）

	南部	南部	东部	南部	东部	中部	北部
	第一年	第二年	第二年	第三年	第三年	第三年	第三年
P1	370	162	23	81	33	02	6
P2		137	119	149	110	120	130
P3		120	120	152	144	136	120
P4		47	42	57	47	45	40

■P1　■P2　■P3　■P4

（扫描二维码，观看原图）

图 3-21　各年度、各市场直销产品需求数量分布（单位：件）

2. 批发竞单策略

在批发环节，系统会根据每个产品在每个市场投入广告费用的多少，按照从高到低的顺序允许各组开始选单。投入广告费用最多的小组优先选单，但每次只能选择一张订单。若两组投入的广告费用相同，则看两组在本产品所有市场上广告费用的投入高低，投入高者优先选单；如果该产品在所有市场的广告费用两组相同，则看所有产品在所有市场上广告费用的投入，投入高者优先选；如果两组仍然相同则看招商广告提交的时间，先提交者优先选单。

经营者想要了解拿单小组的具体信息，可以参与批发招商广告投放，在选单环节记下各组的选单顺序及订单信息。以上操作经营者在得到对手信息的同时也需要花费一些成本费用。如果经营者的经验足够丰富，也可以等批发结束后，通过单击窗口左侧"辅助信息"下的"市场占有率"项查看批发订单的归属，并根据市场需求总量、各组市场份额的百分比，计算出各组获得的订单数量并大致估计订单总金额。一般来说，企业为巩固其综合指数领先的地位（特别是第一年第一季度），往往会付出较大的代价去抢夺批发订单。

总之，企业在投放招商广告之前，可以参考市场调研报告中给出的各市场、各产品的批发订单数量及平均价格，为企业制定批发策略提供依据。

（1）放弃策略。

企业放弃批发市场一般基于以下几点考虑。

① 经营者预计竞争对手会大力参与批发竞标，且不愿承担投入批发广告而拿不到理想订单的风险，特别是在第一年的批发竞争中。

② 企业在第二年或第三年已经获得足够的直销订单，经营者认为批发价格过低，即便获得订单也难以弥补成本。

基于这些考虑经营者可以放弃批发市场，放弃本身也是一种策略。

（2）投机策略。

投机策略，也可以称为捡漏策略，指企业投放少量的招商广告费，以期获得批发订单。至于能否得到订单取决于竞争对手，但无论得到与否，企业都愿意争取投放招商广告费用去博取竞单的机会。

企业模拟经营博弈过程中，当竞争对手策略雷同且趋于保守而放弃批发市场时，如果某企业以少量招商广告费用投入而获得批发订单则会获得丰厚回报，为企业创造良好的收益。

（3）主动选择策略。

主动选择策略，指企业根据市场调研报告给出的产品需求平均价格，有针对性地选择某些细分市场，特别将是将价格较高的市场作为重点市场参与批发竞单，此策略特别适用于第二年、第三年的批发市场。

（4）被动选择策略。

被动选择策略是指在企业面临资金短缺、所有者权益太低、没有贷款额度的情况下，不得已必须依赖批发订单的预付货款来解决流动资金不足的问题，使企业暂时渡过难关，求得生存与发展。当然企业在选择批发订单时也需要考虑自身的生产能力，避免因产能不足，在年末出现问题。当企业违约时，违约订单的本金及违约金将被一并收回。如果企业无法支付，则仍然面临破产。

（三）零售策略

1. 零售市场需求分析

零售是企业经营过程中将面对的第三种销售渠道，涉及 4 种产品大类、5 个市场、6 类消费人群，经营规则较为复杂，各企业在零售市场上的竞争往往也最为激烈。如图 3-22 ~ 图 3-25 所示，我们可以得到以下信息。

（1）P1 产品零售需求情况。

从 P1 产品在各年度需求分布来看，第一年最多，占比为 64.9%，第二年占 13.2%，第三年占 21.9%。从 P1 产品在各市场需求分布来看，南部市场需求占比 63%，呈现逐季度递减趋势，到第三年第二季度需求为 0；东部市场需求占比 12.9%，呈现先增后减的趋势；中部市场需求占比 12.8%，呈现逐季度递增的趋势；北部市场需求占比 8.5%，呈现逐季度递增的趋势；西部市场需求由于出现较晚，只在第三年第三、四季度有需求，占比 2.8%。详细数值如图 3-22 所示。

	南部	东部	南部	东部	中部	北部	南部	东部	中部	北部	西部
	第一年		第二年				第三年				
■ P1第一季度	392		210	48			28	40	57	46	
■ P1第二季度	346		164	49	40			33	60	52	
■ P1第三季度	301	40	119	48	46			24	64	56	40
■ P1第四季度	255	45	73	46	52	40		13	65	60	46

图 3-22　P1 产品各年度、各市场零售需求数量分布（单位：件）

（2）P2 产品零售需求情况。

从 P2 产品在各年度需求分布来看，第一年占比 8.7%，第二年占比 36.2%，第三年占比最多 55.1%，逐年递增。从 P2 产品在各市场需求分布来看，南部市场需求占比 30.5%，呈现逐季度递增后趋于稳定；东部市场需求占比 27.9%，各季度需求先趋于稳定后递减；中部市场需求占比 20.3%，各季度需求先增后递减，但幅度不大；北部市场需求占比 15.5%，呈现逐季度递增的趋势；西部市场需求由于出现较晚，只在第三年第三、四季度有需求，占比 5.9%。详细数据如图 3-23 所示。

（3）P3 产品零售需求情况。

从 P3 产品在各年度需求分布来看，第一年占比 7.5%，第二年占比 33.6%，第三年占比最多 58.9%，逐年递增。从 P3 产品在各市场需求分布来看，南部市场需求占比 29%，需求呈现逐季度等额增递趋势；东部市场需求占比 30.8%，需求呈现逐季度等额增递趋势；中部市场需求占比 21.2%，需求呈现逐季度等额增递趋势；北部市场需求占比 14.1%，需求呈现逐季度等额增递趋势；西部市场需求由于出现较晚，只在第三年第三、四季度有需求且固定，占比 5%。详细数据如图 3-24 所示。

图 3-23 P2 产品各年度、各市场零售需求数量分布（单位：件）

	南部	东部	南部	东部	中部	北部	南部	东部	中部	北部	西部
	第一年		第二年				第三年				
■ P2第一季度			42	40			50	38	41	42	
■ P2第二季度			45	40	40		50	38	40	43	
■ P2第三季度		40	47	40	40		50	36	40	44	40
■ P2第四季度	40	40	48	39	41	40	50	35	39	45	42

■P2第一季度　■P2第二季度　■P2第三季度　■P2第四季度

图 3-24 P3 产品各年度、各市场零售需求数量分布（单位：件）

	南部	东部	南部	东部	中部	北部	南部	东部	中部	北部	西部
	第一年		第二年				第三年				
■ P3第一季度			16	16			21	20	18	16	
■ P3第二季度			17	17	15		22	21	19	17	
■ P3第三季度		15	18	18	16		23	22	21	18	15
■ P3第四季度	15	15	19	18	17	15	24	23	22	19	15

■P3 第一季度　■P3 第二季度　■P3 第三季度　■P3 第四季度

图 3-24 P3 产品各年度、各市场零售需求数量分布（单位：件）

（4）P4 产品零售需求情况。

从 P4 产品在各年度需求分布来看，第一年占比 8.1%，第二年占比 34.9%，第三年占比最多 57%，逐年递增。从 P4 产品在各市场需求分布来看，南部市场需求占比 30.9%，需求呈现逐季度等额增递趋势；东部市场需求占比 29.3%，需求呈总体现递增趋势，但增幅不大；中部市场需求占比 20.6%，需求呈总体现递增趋势，但增幅不大；北部市场需求占比 13.7%，需求呈总体现递增趋势，但增幅不大；西部市场需求由于出现较晚，只在第三年第三、四季度有需求且固定，占比 5.4%。详细数据如图 3-25 所示。

南部	东部	南部	东部	中部	北部	南部	东部	中部	北部	西部
第一年		第二年				第三年				
■P4第一季度		16	15			20	17	16	15	
■P4第二季度		17	15	15		21	17	17	15	
■P4第三季度	15	18	16	15		22	18	17	15	15
■P4第四季度	15	19	16	16	15	23	18	18	16	15

■P4第一季度　■P4第二季度　■P4第三季度　■P4第四季度

图 3-25　P4 产品各年度、各市场零售需求数量分布（单位：件）

从整个经营周期零售需求数量来看，P1 产品占比 54%，P2 产品占比 25%，P3 产品占比 11%，P4 产品占比 10%，可见若企业将零售作为销售产品的主要渠道则应以生产 P1 产品为主，P2 产品为辅。

2. 零售策略解析

在零售环节，由于 6 类人群的成交规则不同，但彼此之间又相互联系，系统首先撮合情感型人群订单的交易，情感型人群订单交易完成后，接下来是习惯型人群订单交易，然后依次是理智型、冲动型、经济型和不定型。如果某一种人群订单为 0，那么系统就直接撮合下一类人群的交易。从交易规则来看，除了习惯型人群外，其他人群的消费订单均可能由某企业独占，该企业只需最符合交易条件，且定价合理，货物供应充足。

（1）价格策略。

在市场营销沙盘经营实战中，企业需要针对不同的零售消费人群特点拟定定价目标，从而确定产品的销售价格。

①以提升销量为目的的定价策略，即通过压低利润来促进销售。

如果经营者预期产品销售困难，特别是在经营初期，各经营小组都拥有相当数量的不带任何功能的 P1 产品，基于提升产品销量的考虑，经营者可以主要考虑经济型人群和不定型人群。

以经济型人群为目标的企业，经营者往往会根据以往的经验来预测竞争对手的定价及自身对定价的承受意愿，然后制定一个自认为交易概率较高的定价。当然企业如果不愿意亏本销售，那么产品定价应该考虑扣除各项费用后高于成本价。如 P1 无功能产品考虑不亏本销售，定价应该大于 2.2 万元 / 件。

以不定型人群为目标的企业，经营者如果不愿意亏本销售，可以采用以下两种方案进行定价：一是产品定价等于期望价，折后价高于成本价，如果能够成交不定型人群订单，则既促进产品销售，又增加企业的历史优惠额度，为后续成交情感型人群订单提供了可能；二是产品定价小于期望价，折后价高于成本价，此种定价虽不能带来较大的优惠额，但如能够成交不定型人群订单则可大幅度增加销量，且为成交经济型订单提供较大的机会。

② 以销售获利为目标的定价策略。

如果企业经营者能够熟练掌握 6 类零售人群的成交规则，同时能及时抓住市场空隙，则每一类人群都可以让企业获利。这里主要讨论情感型、理智型、习惯型和冲动型人群的定价策略。

以情感型、理智型人群为目标，前者以历史优惠额度高低来判断订单归属，主动权掌握在历史优惠额度最高者手中，且历史优惠额度是已知的，情感型人群订单归属可以提前确定。后者以企业的综合指数高低来衡量订单归属，综合指数高低主要受媒体影响力和交易额的影响，虽然不能向情感型人群订单那样提前判断归属（在媒体投放竞标未结束前，尚不知媒体中标情况），但预判的可能性也比较大，尤其是当企业综合指数差距较大时。

以习惯型人群为目标，企业制定产品价格时，一方面需要考虑产品的需求量，另一方面需要考虑产品的价格需求。弹性系数较小的产品适合定高价，如 P1；而弹性系数较大的产品适合定低价，如 P4。当然企业若想成交习惯型人群订单，则必须既有媒体中标，且媒体影响力达到能够分配到订单。

以冲动型人群为目标，增加功能将导致产品的直接成本上升，因此经营者通常期望以高价来达成交易。为此，企业需要创新经营思路，实施差异化经营策略，适当调整产品的生产结构，适时推出新的产品项目，关注历史交易价格灵活经营，以有利于企业高价销售冲动型人群订单。

③ 以获取市场份额为目标的定价策略。

企业以获取市场份额为目标，这里主要讨论情感型、理智型和不定型人群的定价策略。

以情感型、理智型人群为目标的企业，想要拥有最大的人群订单市场份额，只要制定的价格合理，如制定的价格不高于市场期望价，就能获得 100% 的市场份额。

以不定型人群为目标的企业，想要拥有最大的人群订单市场份额（为成交情感型人群订单做铺垫），一方面需要将优惠额做到最大，使促销后价格最低；另一方面也要想办法提高企业的综合指数。为了抢夺不定型人群订单，可能会出现多个竞争小组均采用同样的促销方案，即都以折后价格为 0 销售产品，那么综合指数高者享有优先成交权。需要注意的是每个新市场开放之时，都是企业销售不定型订单，为情感型订单做铺垫的好时机。

（2）促销策略。

企业对产品的定价策略主要有高价低促销策略、高价高促销策略和低价低促销策略。高价低促销策略是指企业以高于市场期望价，无促销或微小促销销售产品。此策略适合于综合指数高的企业，以情感型和理智型人群订单为销售对象。高价高促销指企业以期望价格低折后甚至白送销售产品，目的在于做到最大的优惠额进而为成交情感型人群订单打基础。

（3）媒体策略。

媒体广告对企业经营的影响具有双面性，一方面企业投放媒体广告可以促进产品的销售，直接影响习惯型人群订单的分配，间接影响理智型人群的订单，同时在一定程度上还可以影响情感型人群订单的交易。此外，媒体广告通过影响企业的综合指数，进而影响到企业的直销中标概率。它给企业带来了发展的机会，为企业创造价值。另一方面可能给企业带来经营的风险，特别是增加了企业的财务负担，影响企业利润，进而对企业的经营得分产生不利的影响。

① 激进型广告策略。

激进型广告策略指的是以高额的媒体广告费用争取媒体中标。其目的在于争取企业综合指数最高，从而获取理智型人群订单，并为下一年直销中标做铺垫。

②保守型广告策略。

保守型广告策略指的是企业以较低的媒体广告费用争取媒体中标，甚至直接放弃媒体广告的策略。保守型广告策略的实施对企业第一年保持所有者权益比较有利，且企业承担的风险相对较小。

二、生产策略

生产是企业经营过程中的重要一环，产品主要销往哪个市场？产品结构如何安排？生产多少货物？何时交付？这些问题都需要经营者进一步做出合理的决策。

(一) 市场开拓策略

企业要想在更大范围的市场上销售产品，则必须先进行市场开拓，市场开拓完成后才能在该市场上销售产品。如果企业不开拓新的市场，只是坚守南部市场，那么企业生产的多数产品将无法销售出去。因为南部市场容量毕竟有限，且各企业都在争夺，因此开拓新市场就显得刻不容缓。到中后期有些市场和产品竞争已经没有那么激烈，但是有些市场和产品的争夺依然非常激烈。企业开拓新市场时应该考虑几个因素：生产能力与现有市场容量的对比、财务状况、产品策略、竞争对手的情况，之后再根据不同的情况选择不同的市场开拓策略和进度。

1. 集中性策略

集中性策略指企业为了节省开拓费用及后期的广告费用，只开拓其中一个，或者几个对企业有利的市场。这种策略的好处是可以节省市场的开拓费用，并且由于后期市场少，企业可以集中性地去投放广告，也可以节省广告费。

2. 全覆盖策略

全覆盖策略是指企业同时开拓所有市场。这种策略的好处是可以保证企业的产品有足够的地方去销售，缺点是占用企业太多资金。

3. 补缺策略

补缺策略是基于市场竞争对手的一种策略。在企业着手开发新市场之前，该市场可能已有先导者，在企业考虑是否开发的同时，周围也存在很多潜伏的竞争者。如果企业一味强行开发，面对强劲竞争对手时就会导致企业消耗很多不必要的精力和财力。如果企业能够避开竞争者，找到一些较少企业开发的市场进行开拓，将起到事半功倍的效果。

(二) 产品研发策略

企业如果不能及时开发新产品，将很快被激烈竞争的市场所淘汰。在市场营销沙盘中，企业在经营初期仅能生产 P1 产品，企业若想生产新产品，则首先需要进行新产品的研发，只有完成了新产品的研发，才能够安排新产品的生产。

企业经营者不要单纯为了研发而研发，企业研发新产品的出发点应是出于生产和销售新产品，以拓宽企业经营范围。若企业无意生产和销售新产品则应省去研发，因为从经营规则来看，企业研发新产品是需要投入相应的研发费用，会影响企业的所有者权益。

与此同时，企业研发新产品应该与配置生产线时机相协调。在市场营销沙盘中，企业购买生产线后即可将生产线投入生产，即买即用。但研发完成新产品却需要 3 个季度，因此经营者在购买生产线时需要注意购买生产线的时机和研发新产品的进度协调一致，避免企业购买生产线后，却因未完成新产品研发而无法生产，造成资源的无谓浪费。

（三）产品组合策略

产品组合又称产品搭配，指企业生产或销售的全部产品大类及产品项目的组合。产品大类又称为产品线，指产品类别中具有密切关系的一组产品。在市场营销沙盘中将产品分为 4 个大类 P1、P2、P3 和 P4。而产品项目只是每一个产品大类下所附有不同型号的具体产品，即为产品项目，如 P1F1，P2F2F3。

在产品组合中，用产品组合的宽度表示产品线的多少，用产品组合的长度表示企业所有产品项目的多少，而用产品组合深度表示某一产品线拥有的产品项目数。在市场营销沙盘中产品组合的宽度最宽为 4，即有 4 条产品线。根据产品组合的宽度不同，企业经营者可以制定以下产品组合策略。

1. 单一产品策略

单一产品策略也称为商品专门化策略，即企业只生产某一大类产品去满足不同消费者的需求，如表 3-7 所示。例如，某企业在第一年经营期只生产 P1 产品，以多个产品项目满足不同类型消费者对 P1 产品的需求。如以带有全部 5 个附加功能的 P1 产品满足冲动型消费者的需求，以不带任何功能的 P1 产品满足经济型、不定型消费人群的需求等。采用单一产品策略的好处在于能够集中经营，减少费用投入，有利于保持企业的所有者权益。但缺点是可能要放弃一些市场机会。

表3-7　单一产品策略

产品/人群	习惯型人群	理智型人群	经济型人群	不定型人群	情感型人群	冲动型人群
P1						
P2						
P3						
P4						

2. 有限产品组合策略

有限产品组合策略也称为有选择的专门化，是介于单一产品策略和全覆盖产品策略之间的一种折中策略，如表 3-8 所示，指企业可以选择少数几类产品的生产和销售。如某企业在第一年经营期内只生产和销售 P1、P2 产品，不生产 P3、P4 产品，此策略通常也出现在经营初期。

表3-8　有限产品组合策略

产品/人群	习惯型人群	理智型人群	经济型人群	不定型人群	情感型人群	冲动型人群
P1						
P2						
P3						
P4						

3. 全覆盖产品策略

全覆盖产品策略指企业向顾客提供他们需要的一切产品，企业尽可能地增加产品组合的宽度和深度，如表3-9所示。如某企业同时生产和销售P1、P2、P3和P4产品，并且以不同的产品型号来满足不同消费的需求，以此获得市场份额的领先地位。

在经营初期，由于市场需求量较小，企业运用全覆盖产品策略如果达不到销售目的，则企业的经营将陷入被动。而在经营中后期，此策略的运用比较普遍，企业以此策略获得尽可能高的市场占有率及利润。

表3-9　全覆盖产品策略

产品/人群	习惯型人群	理智型人群	经济型人群	不定型人群	情感型人群	冲动型人群
P1						
P2						
P3						
P4						

随着经营环境的变化，企业需要对产品组合的宽度、长度等进行重新搭配调配产品结构以达到最佳的组合。

（四）固定资产投资策略

1. 厂房投资策略

企业使用厂房的方式有两种，既可以通过购买的方式拥有产房，也可以通过租赁的方式获得厂房的使用权。经营者购买厂房需要消耗企业更多的资金，但有利于保持企业所有者权益；租赁厂房有利于节省资金，但却会影响企业利润及企业的所有者权益。因此，无论是购买还是租赁厂房各有利弊，当经营者认为企业资金比较充足时可以考虑购买厂房，而当经营者认为资金比较紧张，购买厂房对企业的正常经营活动将产生不良影响时，则可以考虑租赁厂房。

如果从资金使用的机会成本角度进行考虑，B厂房的购买价格为240万元，B厂房的租金为30万元/年，那么相当于资金成本为30/240=12.5%，也就是说用于购买B厂房的240万元可以节省租金效益12.5%，大于长期贷款的成本（10%），小于民间融资的成本（15%），所以利用长期贷款来购买B厂房是合适的。同理，用于购买C厂房的120万元可以节省租金效益16.67%，显然利用长期贷款和民间融资来购买C厂房是合适的。

2. 生产线投资策略

在经营的初始状态下企业自有的A厂房共有4条生产线，分别为2条半自动生产线、1条全自动生产线和1条柔性生产线。随着企业经营活动的推进，市场对产品需求的种类及数量越来越多，为了迎合市场需求及追求企业自身的发展，经营者往往需要考虑扩大企业的生产能力，需要购进更多的生产线。

从生产周期来看，考虑到生产线的生产效率，经营者通常不会新购买半自动生产线，而是在全自动和柔性生产线之间做出选择。一般来说，如果企业需要经常转换生产线则柔性生产线更合适。企业在经营过程中转换生产线往往是不可避免的，但如果经营者过于频繁的转换生产线，则说明企业的经营存在问题。因此，经营者应加强对市场需求特点及市场竞争局面的把握，在购买生产线时做好生产线的合理布局规划，尽量减少生产线的转产次数，从而在制定生产线购买决策时，尽量多购买全自动生产线，并以少量的柔性生产线作为补充。

生产线购买主要针对销售方式，半自动生产线多针对市场激烈且市场需求较小（不适用于4.0 版本）；全自动生产线多针对于直销批发（固定销售额，转产少）；柔性生产线多针对于零售（市场应变性强，转产多）。经营者可根据生产线组合对营销策略进行比配，其生产线对营销策略的变动性如表 3-10 所示。

表3-10　生产线对营销策略的变动性

强弱	I	II	III	IV	V	VI	VII
全自动	7	6	5	4	3	2	1
柔性线	1	2	3	4	5	6	7
策略针对性	零售		可变性强			直销批发、后期零售	

（五）原材料采购策略

企业在采购原材料时，既要保证原料及时供应又要尽量做到在年末原材料零库存，同时根据企业资金情况，合理安排原材料采购的数量。如果资金紧张，则可大量采购，以便在经营期内无须支付原材料费用；但如果资金充足则尽量规划好采购数量，在经营期内支付原材料款，确保资金流动性指标能获得高分。

（六）交货策略

企业在年初获得直销批发等订单之后，需要按照订单所要求的流行功能组织生产。企业交付货物时，除了履行义务获取利润之外，还具有提高企业综合指数的功能，因此企业交货也需要考虑一定的策略。

1. 交货订单选择

企业在交付货物时，对优先交付的订单有所选择。一方面，当企业拥有直销和批发订单时，则可考虑优先交付直销订单。因为批发订单是以预付款的方式先行支付了货款给企业，而直销订单则是企业在交货后，根据订单的账期来支付货款。如"0"账期的订单，在企业交货时收现金；"1"账期的订单，在企业交货一个季度后才收到货款。因此优先交付直销订单，有利于企业资金及时回笼。另一方面，当企业中标的订单数量超出了企业的生产能力，违约不可避免时，应优先交付价格比较高的订单，违约价格较低的订单。这里的价格，既是中标价格，交货后形成收入和利润价格高，意味着利润高；又指订单原价，原价越高，则企业违约后支付的违约金越高。

2. 交货时间的选择

企业交货时应考虑资金的回笼时间，使资金回笼的时间要与企业资金紧缺的时间相吻合。为了有足够的现金支付长期贷款本金和低利息，避免企业因现金不足而导致民间融资和贴现，企业在交付货物时，应合理安排不同订单的交货时间。如在第三年第一季度交账期为"3"的订单，第二季度交账期为"2"的订单，第三季度交账期为"1"的订单，第四季度交账期为"0"的订单。当然，如果某个季度资金紧张，需要偿还更多的应付账款，则可对订单的交货时间进行适当调整。

如果企业库存量较大，则应在第三年第一季度尽可能多地交货以提高本季度的交易额，进而提高下一季度本企业的综合指数。企业集中交货的数额越大，下一季度该企业的综合指数就越高，从而更有利于促进企业零售，这也说明了有些企业在媒体广告未中标的情况下其综合指数却迅速提高的原因。如某企业在第二年直销中大量中标，则该企业可将直销订单尽可能放在第二年第四季度集中交货，以提高第三年第一季度的综合指数，从而增加企业第三年直销中标概率。

三、融资策略

在市场营销沙盘中有很多种融资方法，也可以安排在不同的环节。企业在融资时需要合理运用融资策略，以减少资金的使用成本。如果盲目融资或没有掌握好时机，则将会影响企业后期资金运作。

（一）融资方式

1. 贷款

在市场营销沙盘中，企业的贷款融资渠道主要来自短期贷款、民间融资和长期贷款。

（1）长期贷款的优点是短期内不用还款，没有还款压力；缺点是利息高、融资成本高。一般来说，长期贷款常用于扩张性动机，如购置固定资产、购买生产线等长期投资项目。

（2）短期贷款是指必须在一年以内还清的贷款，其优点是利率低，缺点是还贷期很短，企业压力大。如果企业没有足够的资金还贷又不能继续贷款的情况下，风险将很明显。短期贷款一般用于应对临时流动资金不足的情况，通过循环借短期贷款来保证企业的流动资金。

（3）民间融资还贷期短，利率却很高，常用于企业缓解燃眉之急、后期马上有资金补充的情况（如应收账款到账变现），建议尽量不要使用。

2. 应收账款贴现

贴现是很专业的一种财务运作，操作灵活，可以随时进行，也是企业较常用的一种融资方法，但是贴现是针对尚未到期的应收账款的，所以要支付一定的贴息，从而形成了贴现成本。按照"7贴1"的规则，每次贴现为7万元或7万元整数倍的应收账款，其中6万元或其整数倍的款额入现金库，1万元或其整数倍的款额为贴现利息。贴现的利息比长期贷款高，略低于民间融资。同时贷款的成本记入下期而贴现的成本计入本期，有可能导致本期权益下降而减少了下期可以贷款的额度，所以应该尽量避免贴现，这也是模拟企业接销售订单要尽量选择账期短的订单的原因。

（1）出售厂房。

市场营销沙盘运作是从一个有一定原始积累的企业开始的，其拥有价值320万元的A厂房和4条生产线。如果出售A厂房变现，企业就要每年支付租金40万元来租A厂房，并且出售所得要一年后方可变现。这种融资的成本为40/320=12.5%，利息大于长期贷款而略小于民间融资。同时出售厂房需要将A厂房的生产线全部变卖之后才可以进行操作，这需要企业提前计划才能进行。

（2）出售生产线。

根据规则，模拟企业的生产线按残值出售，可以获得相当于残值的现金。当生产线净值大于残值时，之间的差价就是企业因出售生产线产生的损失，称为固定资产清理费用。生产线减少会造成企业生产能力下降，直接影响企业可生产产品的数量。由此可见出售生产线以求变现是企业的无奈之举。当然如是为了更新高级别生产线而出售老旧落后生产线，则是企业的正确决策。

（二）融资策略

在市场营销沙盘中，由于不同融资方式的资金成本及财务风险有所不同，所以模拟企业应计算并且比较不同融资方式的资金成本及财务风险，如表3-11所示，进而选择适合本企业的融资方式，并确定不同融资方式的融资比例。既要保证融资的综合资金成本较低，又要控制企业的风险水平，这样才能以最经济的方式获取所需资金，并且在债务到期时能及时偿还，而不至于由于债务安排的不合理，出现无法偿贷的债务危机。

表3-11　各种融资方式的资金成本与财务风险比较

融资类型	资金成本	财务风险
短期贷款	最低	最高
长期贷款	一般	较低
民间融资	最高	最高
贴现	较高	较低

1. 合理分配贷款额度

从经营实战来看，第一年的竞争比较激烈。企业在第一年很难获得利润，因此，第一年末企业的所有者权益或多或少均会有所下降。所有者权益的下降将直接影响第二年的贷款额度。由于短期贷款和民间融资的期限只有一年，意味着第一年第一季度的贷款需要在第二年第一季度偿还。所以当企业在第一年资金相对充裕的情况下也应谨慎使用贷款，合理分配银行贷款。

一般来说，第一年最好不要使用民间融资，短期贷款的额度也应适量使用，避免给第二年还款带来压力。短期贷款的使用量与企业经营策略相关，如果第一年采取比较激进的经营策略，大规模扩张并大力抢夺媒体广告，则需要的资金可能较多；如果第一年采取比较保守的经营策略，则所需的资金往往较少。

2. 使用长期贷款

在初始条件下，企业有800万元的长期负债，且在第一年末和第二年末各有400万元长期贷款到期。一般来说，企业往往需要在第一年末用完剩余的1700万元长期贷款额度（企业偿还第一年400万元长期贷款本金后有1700万元的贷款额度）。除非企业在第一年经营状况良好，所有者权益保持在很高的水平，资金无压力；或者第一年经营非常保守，短期贷款量少，且所有者权益较高的情况下，才可以考虑适量长期贷款。

如果第一年放弃长期贷款或者少贷，那么在第二年所有者权益降低的情况下，企业将失去长期贷款的机会。并且由于在第二年经营过程中资金缺口较大，包括产品的生产费用、到期的短期贷款还款额、到期的长期贷款还款额、媒体广告等，因此，没有长期贷款的支持，企业将很难继续经营。

【思考与探究】

模块内容：	学号：	姓名：	班级：	年 月 日

1. 谈谈你对企业经营的本质、生存、发展和盈利的认知。

2. 你对4类产品生命周期有何认知，你将如何利用这一点提高自己经营企业的能力？

3. 掌握3类渠道销售策略，利用规则提高市场占有率，你是怎么理解的？

4. 如何进行产品策略制定，提高生产效率和抢占市场先机？

5. 如何合理利用各种融资手段，降低企业资金使用成本？

6. 教师的授课方法对你的学习是否有帮助？

7. 你需要进一步了解或得到解答的问题是：

8. 为了更好地教与学，你有何建议？

模块四　市场营销沙盘实战模拟

经营沙盘，开拓思维

体验职位，放飞梦想

亲力亲为，知错能进

换位思考，合作进取

你若不坚强，没人帮你分担

你若不努力，没人给你让路

使我痛苦者，必使我强大

市场营销沙盘毕竟是一个模拟的环境，和真正的企业运营有着很大的区别，但是通过沙盘的挑战和训练，我们将学会对各种变化迅速做出反应并制定合适对策的思维，培养在任何困难和压力面前都永不屈服的精神。只有掌握了这些技巧，才能在之后的各种人生挑战中立于不败之地。

任务一　计划管理，谋而后动——第一年经营

学习目标

1. 理解市场需求，掌握各个经营环节的具体操作
2. 完成第一年模拟经营，团队协作，创造良好开局

模拟企业运营应当严格遵守运营规则，按照一定的运营流程进行。为了经营好企业，管理者应当做好预测、决策、预算、计划、控制、核算、分析等工作。预测、决策、预算、计划工作应当在每年经营结束后、下一年运营之前进行，目的是使经营活动有序进行，防止出现意外情况；控制主要是在运营过程中，根据运营流程和事先的计划进行销售经营；核算是在经营结束后对当年的经营情况进行盘点，编制各种报表，反映当期的经营情况和年末的财务状况；分析主要是在经营结束后，根据核实的结果与预算进行比较，找出差异，并对差异进行分析，以便以后更好地开展工作。

许多人在初次接触市场营销沙盘时，不知道该怎样在市场营销沙盘上操作，常常出现手忙脚乱的情况。本模块就是结合市场营销沙盘系统的企业运营规则，解决运营过程中的操作问题。下面开始新一年的模拟经营，之后每个年度将按照统一的时间安排开展企业经营活动。各企业按照顺序进行经营操作，记录并填写相关表格。

一、创建企业

组建小组团队，完成企业创立的准备工作。请发挥团队的智慧，为自己的企业取个名字，并设计响亮的创业口号，以求先声夺人，最后将你的创意记录在表 4-1 创立企业表中。

表4-1　创立企业表

企业名称			组别	
创业口号				
团队分工	职务	姓名	主要职责	
主要成员	企业总裁（CEO）			
	营销总监（CSO）			
	运营总监（COO）			
	财务总监（CFO）			

企业经营仅靠口号可不行，还需要有资金，否则一切都是空想。为了公平起见，每家企业获得的初始注册资本都是 771 万元，有了资金的保证，管理者就可以放心大胆地开始经营了，第一年第一季度初资产负债表如表 4-2 所示。

表4-2　第一年第一季度初资产负债表

单位：万元

资产负债表							
资　产				负债及所有者权益			
项目	表达式	上年值	当年值	项目	表达式	上年值	当年值
流动资产				流动负债			
货币资金	+	771	771	短期借款	+	0	0
其他应收款	+	0	0	应付账款	+	18	18
应收账款	+	180	180	预收账款	+	0	0
存货				应交税费	+	23.25	23.25
原材料	+	40	40	流动负债合计	=	41.25	41.25
在途物资	+	0	0	非流动负债			
在制品	+	80	80	长期借款	+	800	800
库存产品	+	240	240	非流动负债合计	=	800	800
发出产品	+	0	0	负债合计	=	841.25	841.25
流动资产合计	=	1311	1311	所有者权益			

续表

资产负债表							
资　产				负债及所有者权益			
项目	表达式	上年值	当年值	项目	表达式	上年值	当年值
非流动资产				实收资本	+	1000	1000
固定资产原价				未分配利润	+	69.75	69.75
土地和建筑	+	320	320				
机器和设备	+	280	280				
减：累计折旧	−	0	0				
固定资产账面价值	=	600	600				
在建工程	+	0	0				
非流动资产合计	=	600	600	所有者权益合计	=	1069.75	1069.75
资产总计	=	1911	1911	负债和所有者权益总计	=	1911	1911

二、年度经营

（一）年度市场环境分析

市场调研报告为企业经营者提供不同类目产品的市场需求信息即某类产品在不同市场、销售渠道平均价格和市场需求数量及基于大数据的市场环境信息（主要是市场需求波动率）和各类产品流行功能及周期信息。

注意：本书提供的市场数据是某次网赛中10人组的真实经营数据，该数据仅供参考，实际数据以实际经营数值为准。

1. 市场环境信息

企业经营者可通过购买市场调研报告获取第一年相应的市场环境信息，如表4-3、表4-4所示分别为第一年南部市场和东部市场环境信息。

表4-3　第一年南部市场环境信息

市 场 环 境	期 初 值	第 一 季 度	第 二 季 度	第 三 季 度	第 四 季 度
常住人口（万）：	1000	960	998	1028	997
购买力指数(%)：	20	20	20	20	19
通货膨胀率(%)：	2.30	2.00	2.00	2.00	2.00
利息率(%)：	1.50	1.46	1.53	1.59	1.56
人均GDP(元)：	5000.00	5200.00	5148.00	4890.60	5037.32
恩格尔系数(%)：	40.00	40.40	39.19	38.80	40.74
市场需求波动率(%)：	0	15.00	16.00	11.00	3.00

表4-4　第一年东部市场环境信息

市 场 环 境	期 初 值	第 一 季 度	第 二 季 度	第 三 季 度	第 四 季 度
常住人口（万）：	2000	2000	2000	1920	1862
购买力指数(%)：	30	30	30	31	30
通货膨胀率(%)：	1.30	1.30	1.30	1.00	1.00
利息率(%)：	1.70	1.70	1.70	1.70	1.67
人均GDP(元)：	7000.00	7000.00	7000.00	7000.00	7210.00
恩格尔系数(%)：	35.00	35.00	35.00	34.30	36.02
市场需求波动率(%)：	0	5	5	24.00	18.00

2. 买方市场分析

在市场营销沙盘系统中，买方市场分析主要是分析产品流行功能及周期（如表 4-5 所示），以及各市场需求信息（如表 4-6、表 4-7 所示）。

表4-5　第一年产品流行功能及周期

产 品	第一季度	第二季度	第三季度	第四季度
P1	P1F1 (流行周期1季度)	P1F2 (流行周期1季度)	P1F5 (流行周期2季度)	
P2			P2F1 (流行周期1季度)	P2F5 (流行周期3季度)
P3			P3F5 (流行周期3季度)	
P4			P4F1 (流行周期3季度)	

表4-6　第一年南部市场需求信息

季度	产品	直 销		批 发		零 售						
		平均价格(元)	需求量(件)	平均价格(元)	需求量(件)	市场期望价格(元)	习惯型(件)	理智型(件)	冲动型(件)	经济型(件)	情感型(件)	不定型(件)
1	P1	9.72	220	6.53	442	10.16	73	0	0	95	0	344
2	P1	9.72		6.53		10.65	55	55	0	77	55	144
3	P1	9.72		6.53		11.21	60	54	60	70	54	81
3	P4	12.95		11.51		14.39	3	3	3	3	3	5
4	P1	9.72		6.53		12.23	44	49	44	62	40	71
4	P2	9.77		8.69		10.86	7	7	6	8	7	11
4	P3	11.22		9.98		12.47	2	3	2	3	2	4
4	P4	12.2		10.85		13.56	3	3	3	4	3	4

表4-7　第一年东部市场需求信息

季度	产品	直　销		批　发		零　售						
		平均价格(元)	需求量(件)	平均价格(元)	需求量(件)	市场期望价格(元)	习惯型(件)	理智型(件)	冲动型(件)	经济型(件)	情感型(件)	不定型(件)
3	P1	10.27		9.13		11.41	6	6	6	8	6	10
3	P2	10.69		9.50		11.88	6	6	6	7	5	10
3	P3	11.08		9.85		12.31	2	2	2	3	2	3
4	P1	11.20		9.96		12.45	6	7	6	7	7	12
4	P2	11.20		9.95		12.44	6	5	5	9	6	11
4	P3	12.59		11.19		13.99	3	2	2	3	2	4
4	P4	11.28		10.02		12.53	2	2	2	3	3	4

（二）第一年经营

1. 第一年规划

企业经营团队召开新的年度规划会议，企业的管理层需要通过分析经营环节，制定或者调整企业的战略，做出经营规划、投资方案和营销策划方案等，并填写第一年年度计划书，如表4-8所示。

表4-8　第一年年度计划书

类　别	内　容	具　体　分　析
年度经营目标	经营效果	
经营规划	业务计划	
	投资方案	
	营销策划	
计划落实记录		

2. 开始经营

（1）经营活动。

经营者按照经营操作顺序进行经营活动，并将具体活动情况数据记录在表4-9～表4-18中。

表4-9　第一年年度规划会议执行情况

序　号	项　目	第一年计划				计划执行情况			
1	市场开拓	东部	中部	北部	西部	东部	中部	北部	西部
2	年度产能	P1	P2	P3	P4	P1	P2	P3	P4
3	批发广告投放	南部 东部	中部	北部	西部	南部 东部	中部	北部	西部
4	直销订单	P1	P2	P3	P4	P1	P2	P3	P4
5	批发订单	P1	P2	P3	P4	P1	P2	P3	P4
6	媒体广告投放	百度	央视黄金	央视午间	央视晚间				
7	零售订单	P1	P2	P3	P4	P1	P2	P3	P4
8	订单交付	P1	P2	P3	P4	P1	P2	P3	P4
9	产品研发	P2	P3	P4		P2	P3	P4	
10	ISO开发	ISO9000	ISO14000	ISO9000	ISO14000				
11	年度资金需求预算								
12	长期贷款与还贷								
13	短期贷款与还贷								
14	厂房购买/租赁								
15	生产线购买、转产、出售								
16	民间融资安排								
17	贴现安排								
18	零售商签约安排								
19	其他								

表4-10　第一年经营活动记录表

序号	经营项目	操作要点	1	2	3	4
		请按照顺序执行下列各项操作。每执行完一项操作，CEO在相应的方格内打"√"				
年初	新年度规划会议	CEO召集团队召开年度规划会议				
1	市场预测与分析	购买调研报告、分析产品市场需求数据				
2	市场开拓	根据年初制定的营销策略进行市场的开拓				
3	ISO认证	ISO9000，ISO14000认证				
4	开发客户	直销客户开发				
5	参与投标	选择需要投标的订单进行报名，并支付标书购买费				
6	投放招商广告	在不同市场上制定不同产品的批发招商广告的投放策略				
7	选择批发订单	招商广告投放完成后，由裁判统一控制选单				
8	产品研发	需要根据市场预测和调研报告，制定自身的产品研发计划并实施				
9	产品下线入库	生产线上的到期在制品，执行此任务后下线入库				
10	租赁/购买厂房	厂房的购买				
		厂房的租赁				
11	生产线	购买				
		转产				
		变卖				
12	原料采购	原料采购都要有采购提前期，所以采购原材料前必须先下达采购计划				
13	投入生产	选择空闲的生产线生产产品，并支付加工费				
14	交货给客户	执行直销订单和批发订单的交货操作，如违约则需要支付违约金（直销违约金是订单原价的0.25倍）				
15	签约零售商	与零售商签约进店需要缴纳的进场费用				
16	货物配送	产品配送给各个零售商进行销售，并支付配送费				
17	价格制定	零售部需要对各个零售商销售的产品制定销售价格，并上架销售				
18	促销策略	零售部将根据自身的营销策略制定相应的促销策略，包括满就送、多买折扣、买第几件折扣				
19	媒体广告投放	零售部需要根据自身的营销策略，对不同产品投放媒体广告				
20	应收账款/应付账款	财务部需要及时进行应收账款和应付账款的结算				
21	短期贷款/还本付息	财务部可根据企业经营状态进行融资，并支付利息				
22	管理费缴纳	财务部每个季度必须缴纳一定的行政管理费和签约零售商的管理费				
23	应交税费缴纳	每年第一季度缴纳上年度所得税				
24	进入下一季度					
年末6项工作	长期贷款/还本付息	每年年底需要支付利息，贷款到期后，还本付息	长期贷款			
			利息			
	租赁费/维修费支付	厂房租赁费：每年第四季度需要支付下一年厂房租赁费				
		生产线维修费：每年第四季度需要支付本年生产线维修费，当年新安装的生产线不需要缴纳维修费				
	支付库存费	支付原材料和产品库存费				
	折旧	随着生产线使用年限的增加，生产线会出现贬值；通过折旧这个项目在税前利润中扣除				
	关账	每年经营结束后，年末进行关账操作				
	进入下一年					

表4-11　第一年资金预算表

序　号	请按照顺序执行下列各项操作，并在相应空格内填入资金需求计划			
	经 营 项 目	具体开支目录	表 达 式	金　额
年初	期初资金		+	
1	市场预测与分析	购买市场调研报告	－	
2	市场开拓	各市场开拓费	－	
3	ISO认证	ISO9000，ISO14000认证费	－	
4	开发客户	客户开发费	－	
5	参与投标	标书购买	－	
6	投放招商广告	广告投放	－	
8	产品研发	各产品研发费	－	
10	租赁/购买厂房	租赁费	－	
11	生产线	转产费	－	
12	原料采购	产品生产成本（原料费）	－	
13	投入生产	产品生产成本（加工费）	－	
15	签约零售商	零售商进场费	－	
16	货物配送	配货费	－	
19	媒体广告投放	广告费	－	
20	应收账款/应付账款	应收账款	+	
		应付账款	－	
21	短期贷款/还本付息	还本付息	－	
22	管理费缴纳	管理费	－	
23	应交税费缴纳	税费	－	
24	进入下一季度			
年末6项工作	长期贷款/还本付息	还本付息	－	
	租赁费/维修费支付	租赁费/维修费	－	
	支付库存费	库存费	－	
	折旧	折旧	－	
	进入下一年			
	借贷资金需求合计			
	经营资金需求合计			

表4-12 第一年直销订单登记表

订 单 号							合 计
市场							
产品							
数量							
账期							
销售额							
成本							
毛利							
交货期							

表4-13 第一年招商广告投放登记表

产品/市场	南 部	东 部	中 部	北 部	西 部
P1					
P2					
P3					
P4					
合计					

表4-14 第一年批发订单登记表

订 单 号							合 计
市场							
产品							
数量							
销售额							
成本							
毛利							
交货期							

表4-15 第一年物料采购计划表

原 料	内 容	第 一 季 度	第 二 季 度	第 三 季 度	第 四 季 度
R1	毛需求量				
	库存				
	已预订				
	净需求量				
	提前期				
	采购计划				

原　料	内　容	第 一 季 度	第 二 季 度	第 三 季 度	第 四 季 度
R2	毛需求量				
	库存				
	已预订				
	净需求量				
	提前期				
	采购计划				
R3	毛需求量				
	库存				
	已预订				
	净需求量				
	提前期				
	采购计划				
R4	毛需求量				
	库存				
	已预订				
	净需求量				
	提前期				
	采购计划				

表4-16　第一年产能计划表

产品（功能）	年 初 库 存	第一季度产量	第二季度产量	第三季度产量	第四季度产量	合　计

表4-17　第一年媒体广告投放表

产　品	媒　体	第 一 季 度	第 二 季 度	第 三 季 度	第 四 季 度
P1	百度				
	央视黄金				
	央视午间				
	央视晚间				

产　品	媒　体	第 一 季 度	第 二 季 度	第 三 季 度	第 四 季 度
P2	百度				
	央视黄金				
	央视午间				
	央视晚间				
P3	百度				
	央视黄金				
	央视午间				
	央视晚间				
P4	百度				
	央视黄金				
	央视午间				
	央视晚间				

表4-18　库存管理表

产 品 名 称	产 品 型 号	库 存 量	单 价	总 成 本

（2）第一年年末相关报表。

第一年年末填写表4-19～表4-22。

表4-19　第一年产品核算表

产　品	销 售 数 量	销 售 额	成 本	毛 利
P1				
P2				
P3				
P4				
合计				

表4-20　第一年市场分析表

营销渠道	各小组市场占有率									
	A1	A2	A3	A4	A5	A6	A7	A8	A9	A10
直销										
批发										

续表

营销渠道		各小组市场占有率									
		A1	A2	A3	A4	A5	A6	A7	A8	A9	A10
零售 P1	习惯型										
	理智型										
	情感型										
	经济型										
	不定型										
	冲动型										
零售 P2	习惯型										
	理智型										
	情感型										
	经济型										
	不定型										
	冲动型										
零售 P3	习惯型										
	理智型										
	情感型										
	经济型										
	不定型										
	冲动型										
零售 P4	习惯型										
	理智型										
	情感型										
	经济型										
	不定型										
	冲动型										

表4-21 企业信息表

我的企业信息	企业总媒体影响力										
	上季度营业收入										
	ISO9000品牌值										
	ISO14000品牌值										
各小组综合指数	A1	A2	A3	A4	A5	A6	A7	A8	A9	A10

表4-22　竞争对手情报分析表

项　目	主　要　内　容	主要竞争对手分析
生产情况	（1）产品结构 （2）在制品及库存数量 （3）生产线类型及数量 （4）原材料采购情况	
研发情况	（1）产品研发情况 （2）ISO开发情况	
市场开拓	（1）已完成开拓的市场 （2）正在开拓的市场	
销售情况	（1）销售产品类型、数量单价和销售额 （2）各企业所占产品和各市场的市场份额 （3）媒体中标情况	
财务状况	（1）资产情况 （2）负债情况（长期贷款、短期贷款、民间融资和应付账款等） （3）损益情况（净利润、应交税费和所有者权益）	

三、年末总结研讨

团结就是力量，这句话至今仍然是许多企业制胜的法宝。一个集体如果不团结就像一盘散沙，只有团结一心、众志成城才能克服种种困难，战胜对手。在模拟经营的各个环节，都需要多个岗位的共同协作。

前进的过程中必然会有许多挫折和问题。遇到挫折时是"越挫越勇"还是"失望放弃"？发现问题时是"携手共进"还是"相互指责"？企业经营不佳时是"妙手回春"还是"坐以待毙"？经营过程中是"诚实守信"还是"投机取巧"？不同的思想状态、不同的选择方式，不同的应对策略，必然有不同的结果。

1. 财务分析

根据企业经营财务报表情况填写表 4-23 和表 4-24。

表4-23　第一年利润表

单位：万元

利　润　表			
项目	表达式	上年值	当年值
营业收入	＋		
减：营业成本	－		
税金及附加	－		
销售费用	－		
管理费用	－		
财务费用	－		
营业利润	＝		
加：营业外收入	＋		
减：营业外支出	－		
利润总额	＝		
减：所得税费用	－		
净利润	＝		

表4-24　第一年资产负债表

单位：万元

资产负债表							
资　产				负债及所有者权益			
项目	表达式	上年金额	当年金额	项目	表达式	上年金额	当年金额
流动资产				流动负债			
货币资金	+			短期借款	+		
其他应收款	+			应付账款	+		
应收账款	+			预收账款	+		
存货				应交税费	+		
原材料	+			流动负债合计	=		
在途物资	+			非流动负债			
在制品	+			长期借款	+		
库存产品	+			非流动负债合计	=		
发出产品	+			负债合计	=		
流动资产合计	=			所有者权益			
非流动资产				实收资本	+		
固定资产原价				未分配利润	+		
土地和建筑	+						
机器和设备	+						
减：累计折旧	−						
固定资产账面价值	=						
在建工程	+						
非流动资产合计	=			所有者权益合计	=		
资产总计	=			负债和所有者权益总计	=		

2. 小组述职

述职环节要求：

（1）由CEO组织本年度述职工作。

（2）每个角色本着实事求是的原则，就自己现任职务履职的成绩、问题和经验进行阐述。

（3）时间限定在1分钟时间内，全部人员完成述职的限定时间为5分钟。

这是你们自主经营的第一年，感觉如何？是有收益的一年吗？你们的战略执行得如何？将你的感想记录在表4-25 中，并和你的团队分享。

表4-25　第一年的总结与反思

我学会了什么（记录知识点）：
企业经营过程中遇到了哪些问题？
计划评价：
下一年准备如何改进？

任务二　差异竞争，多元发展——第二年经营

学习目标

1. 理解市场分析，掌握寻找市场的突破口，准确预算
2. 完成第二年模拟经营，结合经营数据找到解决经营中遇到的问题的方法

一、年度经营

（一）年度市场环境分析

新的一年经营即将开始，市场调研报告为经营者提供不同类目产品的市场需求信息，即某类产品在不同市场、销售渠道平均价格和市场需求数量及基于大数据的市场环境信息（主要是市场需求波动率）和各类产品流行功能及周期信息。

注意：本书提供的市场数据是某次网赛中 10 人组的真实经营数据，该数据仅供参考，实际数据以实际经营数值为准。

1. 市场环境信息

企业经营者通过购买市场调研报告，获取第二年相应的市场环境信息，如表 4-26～表 4-29 所示分别为第二年 4 个市场的环境信息。

表4-26　第二年南部市场环境信息

市 场 环 境	期 初 值	第一季度	第二季度	第三季度	第四季度
常住人口（万）：	1000	977	948	986	1016
购买力指数(%)：	20	18	18	18	17
通货膨胀率(%)：	2.30	2.00	2.00	2.00	2.00
利息率(%)：	1.50	1.51	1.48	1.41	1.37
人均GDP(元)：	5000.00	4986.95	4887.21	4642.85	4828.56
恩格尔系数(%)：	40.00	39.52	41.10	39.46	38.28
市场需求波动率(%)：	0	1.00	−6.00	2.00	9.00

表4-27　第二年东部市场环境信息

市 场 环 境	期 初 值	第一季度	第二季度	第三季度	第四季度
常住人口（万）：	2000	1825	1770	1841	1896
购买力指数(%)：	30	29	29	29	28
通货膨胀率(%)：	1.30	1.00	1.00	1.00	1.00
利息率(%)：	1.70	1.62	1.59	1.51	1.46

续表

市场环境	期 初 值	第一季度	第二季度	第三季度	第四季度
人均GDP(元)：	7000.00	7137.90	6995.14	6645.38	6911.20
恩格尔系数(%)：	35.00	34.94	36.34	34.89	33.84
市场需求波动率(%)：	0	18.00	11.00	18.00	27.00

表4-28　第二年中部市场环境信息

市场环境	期 初 值	第一季度	第二季度	第三季度	第四季度
常住人口（万）：	3000	3000	2970	3089	3182
购买力指数(%)：	40	40	40	40	39
通货膨胀率(%)：	4.20	4.20	4.00	4.00	4.00
利息率(%)：	1.00	1.00	0.99	0.94	0.91
人均GDP(元)：	10 000.00	10 000.00	10 200.00	9 690.00	10 077.60
恩格尔系数(%)：	30.00	30.00	29.40	28.22	27.37
市场需求波动率(%)：	0	5	9.00	17.00	27.00

表4-29　第二年北部市场环境信息

市场环境	期 初 值	第一季度	第二季度	第三季度	第四季度
常住人口（万）：	4000	4000	4000	4000	3960
购买力指数(%)：	50	50	50	50	48
通货膨胀率(%)：	3.20	3.20	3.20	3.20	3.00
利息率(%)：	1.30	1.30	1.30	1.30	1.27
人均GDP(元)：	11 000.00	11 000.00	11 000.00	11 000.00	11 110.00
恩格尔系数(%)：	28.00	28.00	28.00	28.00	28.56
市场需求波动率(%)：	0	5	5	5	3.00

2. 买方市场分析

在市场营销沙盘系统中，买方市场分析主要是分析产品流行功能及周期（如表 4-30 所示）及各市场需求情况（如表 4-31～表 4-34 所示）。

表4-30　第二年产品流行功能及周期

产　品	第一季度	第二季度	第三季度	第四季度
P1		P1F2 (流行周期1季度)	P1F4 (流行周期2季度)	
P2		P2F3 (流行周期3季度)		
P3			P3F2 (流行周期2季度)	
P4	P4F3 (流行周期4季度)			

143

表4-31　第二年南部市场需求信息

季度	产品	直销		批发		零售						
		平均价格(元)	需求量(件)	平均价格	需求量(件)	市场期望价格(元)	习惯型(件)	理智型(件)	冲动型(件)	经济型(件)	情感型(件)	不定型(件)
1	P1	10.91	80	7.20	162	13.26	28	28	28	36	31	45
1	P2	10.88	137	6.73	137	11.10	6	6	6	7	6	9
1	P3	10.88	47	6.56	120	12.24	2	3	3	3	2	4
1	P4	12.71	120	8.02	47	13.90	3	2	2	3	2	4
2	P1	10.91		7.20		14.11	22	20	20	28	22	41
2	P2	10.88		6.73		12.56	7	7	7	7	6	12
2	P3	10.88		6.56		12.81	2	2	2	3	3	4
2	P4	12.71		8.02		16.00	2	2	2	4	2	5
3	P1	10.91		7.20		13.47	16	19	19	22	19	26
3	P2	10.88		6.73		13.98	8	6	8	9	8	13
3	P3	10.88		6.56		13.82	3	3	3	3	3	6
3	P4	12.71		8.02		16.00	3	3	3	3	3	5
4	P1	10.91		7.20		13.61	10	9	10	13	9	19
4	P2	10.88		6.73		14.50	7	6	7	7	7	13
4	P3	10.88		6.56		13.43	2	2	2	3	2	5
4	P4	12.71		8.02		14.92	3	2	2	4	2	4

表4-32　第二年东部市场需求信息

季度	产品	直销		批发		零售						
		平均价格(元)	需求量(件)	平均价格	需求量(件)	市场期望价格(元)	习惯型(件)	理智型(件)	冲动型(件)	经济型(件)	情感型(件)	不定型(件)
1	P1	11.46	23	7.00	23	10.93	7	8	8	8	8	13
1	P2	12.91	119	7.42	119	14.15	5	5	5	7	5	7
1	P3	11.51	47	8.10	120	13.79	2	2	3	3	2	4
1	P4	11.95	107	7.38	42	13.22	2	3	2	3	3	4
2	P1	11.46		7.00		11.63	7	7	7	9	8	9
2	P2	12.91		7.42		14.29	5	6	6	7	6	9
2	P3	11.51		8.10		14.27	2	2	2	3	2	5
2	P4	11.95		7.38		14.85	2	2	2	3	2	4
3	P1	11.46		7.00		11.33	7	7	8	8	7	10
3	P2	12.91		7.42		14.81	5	5	6	7	6	11
3	P3	11.51		8.10		14.76	3	3	3	3	3	4
3	P4	11.95		7.38		13.32	2	2	2	3	2	5
4	P1	11.46		7.00		10.72	8	7	7	8	7	11
4	P2	12.91		7.42		16.38	5	6	6	7	6	10
4	P3	11.51		8.10		13.90	2	3	3	3	2	4
4	P4	11.95		7.38		14.01	2	2	2	3	2	4

表4-33 第二年中部市场需求信息

季度	产品	直 销		批 发		零 售					
		平均价格(元)	需求量(件)	平均价格	需求量(件)	市场期望价格(元)	习惯型(件)	理智型(件)	冲动型(件)	经济型(件)	情感型(件)	不定型(件)
2	P1	10.56		9.38		11.73	5	5	6	8	6	9
2	P2	11.94		10.62		13.27	6	6	5	7	6	10
2	P3	12.01		10.67		13.34	2	2	2	3	3	4
2	P4	12.84		11.42		14.27	2	2	2	2	2	4
3	P1	11.49		10.22		12.77	6	6	6	7	6	12
3	P2	12.68		11.27		14.09	5	6	6	7	6	8
3	P3	13.50		12.00		15.00	2	2	2	3	3	4
3	P4	13.51		12.01		15.01	3	2	3	3	3	3
4	P1	11.06		9.83		12.29	8	8	8	10	7	14
4	P2	13.56		12.06		15.07	6	6	5	7	6	10
4	P3	12.60		11.20		14.00	2	2	2	3	2	4
4	P4	14.17		12.59		15.74	2	2	3	3	2	4

表4-34 第二年北部市场需求信息

季度	产品	直 销		批 发		零 售					
		平均价格(元)	需求量(件)	平均价格	需求量(件)	市场期望价格(元)	习惯型(件)	理智型(件)	冲动型(件)	经济型(件)	情感型(件)	不定型(件)
4	P1	11.20		9.95		12.44	6	6	7	7	6	10
4	P2	13.45		11.95		14.94	5	5	5	6	5	15
4	P3	13.16		11.70		14.62	2	2	2	2	2	3
4	P4	13.48		11.98		14.98	2	2	2	3	2	5

（二）第二年经营

1. 第二年规划

企业经营团队召开新的年度规划会议，企业的管理层需要通过分析经营环节，制定或者调整企业的战略，做出经营规划、投资方案和营销策划方案等，并填写第二年年度计划书，如表4-35所示。

表4-35 第二年年度计划书

类 别	内 容	具 体 分 析
年度经营目标	经营效果	

类　别	内　容	具 体 分 析
经营规划	业务计划	
	投资方案	
	营销策划	
计划落实记录		

2. 开始经营

（1）经营活动。

经营者按照经营操作顺序进行具体的经营活动，并将活动情况记录在表4-36～表4-45中。

表4-36　第二年年度规划会议执行情况

序　号	项　目	第二年计划				计划执行情况			
1	市场开拓	东部	中部	北部	西部	东部	中部	北部	西部
2	年度产能	P1	P2	P3	P4	P1	P2	P3	P4
3	批发广告投放	南部 东部	中部	北部	西部	南部 东部	中部	北部	西部
4	直销订单	P1	P2	P3	P4	P1	P2	P3	P4
5	批发订单	P1	P2	P3	P4	P1	P2	P3	P4
6	媒体广告投放	百度	央视黄金			央视午间	央视晚间		
7	零售订单	P1	P2	P3	P4	P1	P2	P3	P4
8	订单交付	P1	P2	P3	P4	P1	P2	P3	P4
9	产品研发	P2	P3	P4		P2	P3	P4	
10	ISO开发	ISO9000	ISO14000			ISO9000	ISO14000		
11	年度资金需求预算								
12	长期贷款与还贷								
13	短期贷款与还贷								
14	厂房购买/租赁								
15	生产线购买、转产、出售								
16	民间融资安排								
17	贴现安排								
18	零售商签约安排								
19	其他								

表4-37 第二年经营活动记录表

序号	经营项目	操作要点	1	2	3	4
		请按照顺序执行下列各项操作。每执行完一项操作，CEO在相应的方格内打"√"				
年初	新年度规划会议	CEO召集团队召开年度规划会议				
1	市场预测与分析	购买调研报告、分析产品市场需求数据				
2	市场开拓	根据年初制定的营销策略进行市场的开拓				
3	ISO认证	ISO9000，ISO14000认证				
4	开发客户	直销客户开发				
5	参与投标	选择需要投标的订单进行报名，并支付标书购买费				
6	投放招商广告	在不同市场上制定不同产品的批发招商广告的投放策略				
7	选择批发订单	招商广告投放完成后，由裁判统一控制选单				
8	产品研发	需要根据市场预测和调研报告制定自身的产品研发计划并实施				
9	产品下线入库	生产线上的到期在制品，执行此任务后下线入库				
10	租赁/购买厂房	厂房的购买				
		厂房的租赁				
11	生产线	购买				
		转产				
		变卖				
12	原料采购	原料采购都要有采购提前期，所以采购原材料前要先下达采购计划				
13	投入生产	选择空闲的生产线生产产品，支付加工费				
14	交货给客户	执行直销订单和批发订单的交货操作，如违约则需要支付违约金（直销违约金是订单原价的0.25倍）				
15	签约零售商	与零售商签约进店需要缴纳的进场费用				
16	货物配送	产品配送给各个零售商进行销售，并支付配送费				
17	价格制定	零售部需要对各个零售商销售的产品制定销售价格，并上架销售				
18	促销策略	零售部将根据自身的营销策略制定相应的促销策略，包括满就送、多买折扣、买第几件折扣				
19	媒体广告投放	零售部需要根据自身的营销策略，对不同产品投放媒体广告				
20	应收账款/应付账款	财务部需要及时进行应收账款和应付账款的结算				
21	短期贷款/还本付息	财务部可根据企业经营状态进行融资，并支付利息				
22	管理费缴纳	财务部每个季度必须缴纳一定的行政管理费和签约零售商的管理费				
23	应交税费缴纳	每年第一季度缴纳上年度所得税				
24	进入下一季度					
年末6项工作	长期贷款/还本付息	每年年底需要支付利息，贷款到期后，还本付息	长期贷款			
			利息			
	租赁费/维修费支付	厂房租赁费：每年第四季度需支付下一年厂房租赁费				
		生产线维修费：每年第四季度需支付本年生产线维修费，当年新安装的生产线不需要缴纳维修费				
	支付库存费	支付原材料和产品库存费				
	折旧	随着生产线使用年限的增加，生产线会出现贬值；通过折旧这个项目在税前利润中扣除				
	关账	每年经营结束后，年末进行关账操作				
	进入下一年					

表4-38　第二年资金预算表

序号	请按照顺序执行下列各项操作，在相应空格内填入资金需求计划			
	经营项目	具体开支目录	表达式	金额
年初	期初资金		+	
1	市场预测与分析	购买市场调研报告	−	
2	市场开拓	各市场开拓费	−	
3	ISO认证	ISO9000，ISO14000认证费	−	
4	开发客户	客户开发费	−	
5	参与投标	标书购买	−	
6	投放招商广告	广告投放	−	
8	产品研发	各产品研发费	−	
10	租赁/购买厂房	租赁费	−	
11	生产线	转产费	−	
12	原料采购	产品生产成本（原料费）	−	
13	投入生产	产品生产成本（加工费）	−	
15	签约零售商	零售商进场费	−	
16	货物配送	配货费	−	
19	媒体广告投放	广告费	−	
20	应收账款/应付账款	应收账款	+	
		应付账款		
21	短期贷款/还本付息	还本付息		
22	管理费缴纳	管理费		
23	应交税费缴纳	税费		
24	进入下一季度			
年末6项工作	长期贷款/还本付息	还本付息		
	租赁费/维修费支付	租赁费/维修费	−	
	支付库存费	库存费	−	
	折旧	折旧	−	
	进入下一年			
	借贷资金需求合计			
	经营资金需求合计			

表4-39 第二年直销订单登记表

订 单 号								合 计
市场								
产品								
数量								
账期								
销售额								
成本								
毛利								
交货期								

表4-40 第二年招商广告投放登记表

产品/市场	南 部	东 部	中 部	北 部	西 部
P1					
P2					
P3					
P4					
合计					

表4-41 第二年批发订单登记表

订 单 号								合 计
市场								
产品								
数量								
销售额								
成本								
毛利								
交货期								

表4-42 第二年物料采购计划表

原 料	内 容	第一季度	第二季度	第三季度	第四季度
R1	毛需求量				
	库存				
	已预订				
	净需求量				
	提前期				
	采购计划				

原　料	内　容	第一季度	第二季度	第三季度	第四季度
R2	毛需求量				
	库存				
	已预订				
	净需求量				
	提前期				
	采购计划				
R3	毛需求量				
	库存				
	已预订				
	净需求量				
	提前期				
	采购计划				
R4	毛需求量				
	库存				
	已预订				
	净需求量				
	提前期				
	采购计划				

表4-43　第二年产能计划表

产　品（功能）	年初库存	第一季度产量	第二季度产量	第三季度产量	第四季度产量	合　计

表4-44　第二年媒体广告投放表

产　品	媒　体	第一季度	第二季度	第三季度	第四季度
P1	百度				
	央视黄金				
	央视午间				
	央视晚间				
P2	百度				
	央视黄金				
	央视午间				
	央视晚间				

产　品	媒　体	第一季度	第二季度	第三季度	第四季度
P3	百度				
	央视黄金				
	央视午间				
	央视晚间				
P4	百度				
	央视黄金				
	央视午间				
	央视晚间				

表4-45　库存管理表

产 品 名 称	产 品 型 号	库 存 量	单 价	总 成 本

（2）第二年年末相关报表。

第二年年末填写表4-46～表4-49。

表4-46　第二年产品核算表

产　品	销 售 数 量	销 售 额	成 本	毛 利
P1				
P2				
P3				
P4				
合计				

表4-47　第二年市场分析表

营销渠道		各小组市场占有率									
		A1	A2	A3	A4	A5	A6	A7	A8	A9	A10
直销											
批发											
零售 P1	习惯型										
	理智型										
	情感型										
	经济型										
	不定型										
	冲动型										

续表

营销渠道		各小组市场占有率									
		A1	A2	A3	A4	A5	A6	A7	A8	A9	A10
零售 P2	习惯型										
	理智型										
	情感型										
	经济型										
	不定型										
	冲动型										
零售 P3	习惯型										
	理智型										
	情感型										
	经济型										
	不定型										
	冲动型										
零售 P4	习惯型										
	理智型										
	情感型										
	经济型										
	不定型										
	冲动型										

表4-48 企业信息表

我的企业信息	企业总媒体影响力										
	上季度营业收入										
	ISO9000品牌值										
	ISO14000品牌值										
各小组综合指数	A1	A2	A3	A4	A5	A6	A7	A8	A9	A10	

表4-49 竞争对手情报分析表

项　目	主　要　内　容	主要竞争对手分析
生产情况	（1）产品结构 （2）在制品及库存数量 （3）生产线类型及数量 （4）原材料采购情况	
研发情况	（1）产品研发情况 （2）ISO开发情况	
市场开拓	（1）已完成开拓的市场 （2）正在开拓的市场	
销售情况	（1）销售产品类型、数量单价和销售额 （2）各企业所占产品和各市场的市场份额 （3）媒体中标情况	
财务状况	（1）资产情况 （2）负债情况（长期贷款、短期贷款、民间融资和应付账款等） （3）损益情况（净利润、应交税费和所有者权益）	

二、年末总结研讨

1. 财务分析

根据企业经营财务报表情况填写表 4-50 和表 4-51。

表4-50　第二年利润表

单位：万元

利 润 表			
项　目	表 达 式	上 年 值	当 年 值
营业收入	+		
减：营业成本	−		
税金及附加	−		
销售费用	−		
管理费用	−		
财务费用	−		
营业利润	=		
加：营业外收入	+		
减：营业外支出	−		
利润总额	=		
减：所得税费用	−		
净利润	=		

表4-51　第二年资产负债表

单位：万元

资产负债表							
资　产				负债及所有者权益			
项目	表达式	上年金额	当年金额	项目	表达式	上年金额	当年金额
流动资产				流动负债			
货币资金	+			短期借款	+		
其他应收款	+			应付账款	+		
应收账款	+			预收账款	+		
存货				应交税费	+		
原材料	+			流动负债合计	=		
在途物资	+			非流动负债			
在制品	+			长期借款	+		
库存产品	+			非流动负债合计	=		
发出产品	+			负债合计	=		
流动资产合计	=			所有者权益			
非流动资产				实收资本	+		
固定资产原价				未分配利润	+		
土地和建筑	+						
机器和设备	+						
减：累计折旧	−						
固定资产账面价值	=						
在建工程	+						
非流动资产合计	=			所有者权益合计	=		
资产总计	=			负债和所有者权益总计	=		

2. 小组述职

述职环节要求：

（1）由 CEO 组织本年度述职工作。

（2）每个角色本着实事求是的原则，就自己现任职务履职的成绩、问题和经验进行阐述。

（3）时间限定在 1 分钟内，全部人员完成述职的限定时间为 5 分钟。

现在已经是第二年结束，你肯定获得了很多不同于第一年的感受，也渐渐从感性经营变为理性管理。现在回头审视下你们企业的经营战略是否成功？对产品和市场做一次精准分析，有助于发现利润在哪里。将你的感想记录在表 4-52 中，并和你的团队分享。

表4-52　第二年总结与反思

我学会了什么（记录知识点）：
企业经营过程中遇到了哪些问题？

续表

计划评价：
下一年准备如何改进？

任务三　决战胜负，智者为王——第三年经营

学习目标

1. 掌握利润、得分的影响因素，有效使用相应策略和技巧
2. 完成第三年模拟经营，把握细节，提升经营成绩

一、年度经营

（一）年度市场环境分析

新的一年经营即将开始，市场调研报告为经营者提供不同类目产品的市场需求信息，即某类产品在不同市场、销售渠道平均价格和市场需求数量和基于大数据的市场环境信息（主要是市场需求波动率）及各类产品流行功能及周期信息。

注意：本书提供的市场数据是某次网赛中 10 人组的真实经营数据，该数据仅供参考，实际数据以实际经营数值为准。

1. 市场环境信息

企业经营者可通过购买市场调研报告获取第三年相应的市场环境信息，如表 4-53～表 4-57 所示分别为第三年 5 个市场的环境信息。

表4-53　第三年南部市场环境信息

市 场 环 境	期 初 值	第一季度	第二季度	第三季度	第四季度
常住人口（万）：	1000	996	996	966	985
购买力指数(%)：	20	18	18	18	18
通货膨胀率(%)：	2.30	2.00	2.00	2.00	2.00
利息率(%)：	1.50	1.38	1.35	1.31	1.36
人均GDP(元)：	5000.00	4780.27	4589.06	4543.17	4724.90
恩格尔系数(%)：	40.00	38.66	38.66	40.21	39.00
市场需求波动率(%)：	0	10.00	8.00	3.00	8.00

表4-54　第三年东部市场环境信息

市 场 环 境	期 初 值	第一季度	第二季度	第三季度	第四季度
常住人口（万）：	2000	1858	1858	1802	1838
购买力指数(%)：	30	29	29	29	29
通货膨胀率(%)：	1.30	1.00	1.00	1.00	1.00
利息率(%)：	1.70	1.47	1.44	1.40	1.46
人均GDP(元)：	7000.00	6842.09	6568.41	6502.73	6762.84
恩格尔系数(%)：	35.00	34.18	34.18	35.55	34.48
市场需求波动率(%)：	0	26.00	24.00	19.00	24.00

表4-55　第三年中部市场环境信息

市 场 环 境	期 初 值	第一季度	第二季度	第三季度	第四季度
常住人口（万）：	3000	3118	3118	3024	3084
购买力指数(%)：	40	41	41	41	41
通货膨胀率(%)：	4.20	4.00	4.00	4.00	4.00
利息率(%)：	1.00	0.92	0.90	0.87	0.90
人均GDP(元)：	10 000.00	9976.82	9577.75	9481.97	9861.25
恩格尔系数(%)：	30.00	27.64	27.64	28.75	27.89
市场需求波动率(%)：	0	27.00	25.00	20.00	26.00

表4-56 第三年北部市场环境信息

市场环境	期 初 值	第一季度	第二季度	第三季度	第四季度
常住人口（万）：	4000	3881	3881	3765	3840
购买力指数(%)：	50	50	51	52	52
通货膨胀率(%)：	3.20	3.00	3.00	3.00	3.00
利息率(%)：	1.30	1.28	1.25	1.21	1.26
人均GDP(元)：	11 000.00	10 998.90	10 558.94	10 453.35	10 871.48
恩格尔系数(%)：	28.00	28.85	28.85	30.00	29.10
市场需求波动率(%)：	0	2.00	2.00	−1.00	4.00

表4-57 第三年西部市场环境信息

市场环境	期 初 值	第一季度	第二季度	第三季度	第四季度
常住人口（万）：	6000	6000	6000	6240	6365
购买力指数(%)：	60	60	60	60	60
通货膨胀率(%)：	3.00	3.00	3.00	3.00	3.00
利息率(%)：	1.20	1.20	1.20	1.22	1.27
人均GDP(元)：	8000.00	8000.00	8000.00	8400.00	8736.00
恩格尔系数(%)：	25.00	25.00	25.00	26.25	25.46
市场需求波动率(%)：	0	5	5	2.00	8.00

2. 买方市场分析

在市场营销沙盘系统中，买方市场分析主要是分析产品流行功能及周期（如表4-58所示）以及各市场需求情况（如表4-59～表4-63所示）。

表4-58 第三年产品流行功能及周期

产品	第一季度	第二季度	第三季度	第四季度
P1				
P2	P2F5 (流行周期3季度)			P2F4 (流行周期2季度)
P3	P3F4 (流行周期2季度)		P3F3 (流行周期3季度)	
P4	P4F1 (流行周期3季度)			P4F5 (流行周期4季度)

表4-59　第三年南部市场需求信息

季度	产品	直销		批发		零售						
		平均价格(元)	需求量(件)	平均价格(元)	需求量(件)	市场期望价格(元)	习惯型(件)	理智型(件)	冲动型(件)	经济型(件)	情感型(件)	不定型(件)
1	P1	11.06	4	8.86	8	13.27	4	4	4	5	3	6
1	P2	14.81	149	8.99	149	16.64	7	7	6	8	7	12
1	P3	12.88	59	8.46	152	13.22	3	3	3	4	3	4
1	P4	15.26	144	10.27	57	15.25	2	3	2	3	2	5
2	P1	11.06		8.86		15.04	0	0	0	0	0	0
2	P2	14.81		8.99		16.37	8	8	8	9	8	12
2	P3	12.88		8.46		14.74	3	3	3	4	3	4
2	P4	15.26		10.27		17.53	3	3	3	3	3	5
3	P1	11.06		8.86		12.96	0	0	0	0	0	0
3	P2	14.81		8.99		17.10	6	6	6	8	6	15
3	P3	12.88		8.46		14.28	3	4	4	4	3	5
3	P4	15.26		10.27		16.36	3	3	3	4	3	6
4	P1	11.06		8.86		14.23	0	0	0	0	0	0
4	P2	14.81		8.99		15.82	8	8	8	9	6	13
4	P3	12.88		8.46		14.51	3	4	3	5	3	6
4	P4	15.26		10.27		17.14	4	4	4	4	3	5

表4-60　第三年东部市场需求信息

季度	产品	直销		批发		零售						
		平均价格(元)	需求量(件)	平均价格(元)	需求量(件)	市场期望价格(元)	习惯型(件)	理智型(件)	冲动型(件)	经济型(件)	情感型(件)	不定型(件)
1	P1	8.57	13	5.38	13	9.42	6	6	6	7	6	10
1	P2	15.27	110	9.98	110	16.27	6	5	6	7	5	10
1	P3	12.52	57	8.50	144	14.87	2	2	2	4	2	5
1	P4	13.10	119	8.51	47	15.23	2	2	2	3	3	5
2	P1	8.57		5.38		7.60	5	5	5	7	5	9
2	P2	15.27		9.98		15.84	6	6	6	7	6	9
2	P3	12.52		8.50		15.61	3	3	3	3	3	5
2	P4	13.10		8.51		15.31	2	2	2	4	2	5
3	P1	8.57		5.38		5.54	3	3	3	4	3	5
3	P2	15.27		9.98		17.08	4	5	4	6	4	10
3	P3	12.52		8.50		16.76	3	3	3	3	3	5
3	P4	13.10		8.51		16.59	2	2	3	3	2	4
4	P1	8.57		5.38		2.97	2	2	2	2	2	3
4	P2	15.27		9.98		15.86	5	5	5	7	5	7
4	P3	12.52		8.50		15.52	4	4	4	4	3	4
4	P4	13.10		8.51		16.94	3	3	3	3	3	6

表4-61　第三年中部市场需求信息

季度	产品	直 销		批 发		零 售						
		平均价格(元)	需求量(件)	平均价格(元)	需求量(件)	市场期望价格(元)	习惯型(件)	理智型(件)	冲动型(件)	经济型(件)	情感型(件)	不定型(件)
1	P1	10.73	30	6.41	30	11.53	8	8	9	10	9	12
1	P2	13.75	120	8.34	120	13.92	6	6	5	8	6	9
1	P3	15.22	53	8.61	136	14.45	3	3	3	3	3	6
1	P4	15.44	115	10.11	45	16.06	2	2	3	3	2	4
2	P1	10.73		6.41		10.35	9	8	9	10	9	14
2	P2	13.75		8.34		14.01	6	6	5	7	5	12
2	P3	15.22		8.61		15.29	4	3	3	4	3	5
2	P4	15.44		10.11		16.36	2	3	2	3	2	4
3	P1	10.73		6.41		9.57	9	10	9	11	9	14
3	P2	13.75		8.34		15.58	6	5	6	7	5	11
3	P3	15.22		8.61		17.40	3	3	3	4	4	6
3	P4	15.44		10.11		17.64	2	3	2	3	2	4
4	P1	10.73		6.41		9.74	9	9	8	12	9	16
4	P2	13.75		8.34		14.47	5	6	6	7	6	10
4	P3	15.22		8.61		17.63	3	3	3	4	3	6
4	P4	15.44		10.11		17.90	2	2	2	3	2	5

表4-62　第三年北部市场需求信息

季度	产品	直 销		批 发		零 售						
		平均价格(元)	需求量(件)	平均价格(元)	需求量(件)	市场期望价格(元)	习惯型(件)	理智型(件)	冲动型(件)	经济型(件)	情感型(件)	不定型(件)
1	P1	12.46	26	7.12	26	11.92	6	6	7	8	6	12
1	P2	12.89	130	9.11	130	14.10	7	7	7	8	6	11
1	P3	13.36	47	9.10	120	14.46	2	2	2	2	2	4
1	P4	12.54	105	8.60	40	14.76	2	2	2	3	3	4
2	P1	12.46		7.12		11.80	7	7	8	8	7	14
2	P2	12.89		9.11		12.82	5	6	6	8	6	10
2	P3	13.36		9.10		15.99	2	2	2	3	2	5
2	P4	12.54		8.60		14.28	2	2	2	3	2	3
3	P1	12.46		7.12		11.38	8	8	8	9	8	15
3	P2	12.89		9.11		11.71	6	7	6	9	7	12
3	P3	13.36		9.10		15.44	3	2	2	3	3	4
3	P4	12.54		8.60		14.27	2	2	2	3	2	4
4	P1	12.46		7.12		11.56	9	8	9	9	8	15
4	P2	12.89		9.11		11.74	7	7	7	9	7	10
4	P3	13.36		9.10		16.88	3	3	3	3	3	5
4	P4	12.54		8.60		14.50	2	2	2	3	3	4

表4-63　第三年西部市场需求信息

季度	产品	直销 平均价格(元)	直销 需求量(件)	批发 平均价格(元)	批发 需求量(件)	零售 市场期望价格(元)	习惯型(件)	理智型(件)	冲动型(件)	经济型(件)	情感型(件)	不定型(件)
3	P1	10.38		9.22		11.53	6	6	6	8	6	10
3	P2	13.90		12.35		15.44	5	7	5	8	7	12
3	P3	14.45		12.85		16.06	2	2	2	3	2	5
3	P4	13.16		11.70		14.62	2	2	2	3	2	3
4	P1	12.26		10.90		13.62	7	7	7	10	7	11
4	P2	15.32		13.62		17.02	6	5	6	7	6	10
4	P3	14.92		13.26		16.58	3	3	3	3	3	3
4	P4	14.59		12.97		16.21	2	2	2	2	2	4

（二）第三年经营

1. 第三年规划

企业经营团队召开新的年度规划会议，企业的管理层通过分析经营环节，制定或者调整企业的战略，做出经营规划、投资方案和营销策划方案等，填写第三年年度计划书，如表4-64所示。

表4-64　第三年年度计划书

类别	内容	具体分析
年度经营目标	经营效果	
经营规划	业务计划	
	投资方案	
	营销策划	
	计划落实记录	

2. 开始经营

（1）经营活动。

经营者按照经营操作顺序进行具体的经营活动，并将活动情况记录在表4-65～表4-74中。

表4-65　第三年年度规划会议执行情况

序　号	项　目	第三年计划				计划执行情况			
1	市场开拓	东部	中部	北部	西部	东部	中部	北部	西部
2	年度产能	P1	P2	P3	P4	P1	P2	P3	P4
3	批发广告投放	南部 东部 中部 北部 西部				南部 东部 中部 北部 西部			
4	直销订单	P1	P2	P3	P4	P1	P2	P3	P4
5	批发订单	P1	P2	P3	P4	P1	P2	P3	P4
6	媒体广告投放	百度	央视黄金			央视午间	央视晚间		
7	零售订单	P1	P2	P3	P4	P1	P2	P3	P4
8	订单交付	P1	P2	P3	P4	P1	P2	P3	P4
9	产品研发	P2	P3	P4		P2	P3	P4	
10	ISO开发	ISO9000	ISO14000			ISO9000	ISO14000		
11	年度资金需求预算								
12	长期贷款与还贷								
13	短期贷款与还贷								
14	厂房购买/租赁								
15	生产线购买、转产、出售								
16	民间融资安排								
17	贴现安排								
18	零售商签约安排								
19	其他								

表4-66　第三年经营活动记录表

序　号		请按照顺序执行下列各项操作。每执行完一项操作，CEO在相应的方格内打"√"		1	2	3	4
	经营项目	操作要点					
年初	新年度规划会议	CEO召集团队召开年度规划会议					
1	市场预测与分析	购买调研报告、分析产品市场需求数据					
2	市场开拓	根据年初制定的营销策略进行市场的开拓					
3	ISO认证	ISO9000，ISO14000认证					
4	开发客户	直销客户开发					
5	参与投标	选择需要投标的订单进行报名，并支付购买标书费					
6	投放招商广告	在不同市场上制定不同产品的批发招商广告的投放策略					
7	选择批发订单	招商广告投放完成后，由裁判统一控制选单					
8	产品研发	需要根据市场预测和调研报告制定自身的产品研发计划并实施					
9	产品下线入库	生产线上的到期在制品，执行此任务后下线入库					
10	租赁/购买厂房	厂房的购买					
		厂房的租赁					
11	生产线	购买					
		转产					
		变卖					
12	原料采购	原料采购都要有采购提前期，所以采购原材料之前必须先下达采购计划					
13	投入生产	选择空闲的生产线生产产品，并支付加工费					
14	交货给客户	执行直销订单和批发订单的交货操作，如违约需要支付违约金（直销违约金是订单原价的0.25倍）					
15	签约零售商	与零售商签约进店需要缴纳的进场费用					
16	货物配送	产品配送给各个零售商进行销售，支付配送费					
17	价格制定	零售部需要对各个零售商销售的产品制定销售价格，并上架销售					
18	促销策略	零售部将根据自身的营销策略制定相应的促销策略，包括满就送、多买折扣、买第几件折扣					
19	媒体广告投放	零售部需要根据自身的营销策略，对不同产品投放媒体广告					
20	应收账款/应付账款	财务部需要及时进行应收账款和应付账款的结算					
21	短期贷款/还本付息	财务部可根据企业经营状态进行融资，并支付利息					
22	管理费缴纳	财务部每个季度必须缴纳一定的行政管理费和签约零售商的管理费					
23	应交税费缴纳	每年第一季度缴纳上年度所得税					
24	进入下一季度						
年末6项工作	长期贷款/还本付息	每年年底需要支付利息，贷款到期后，还本付息	长期贷款				
			利息				
	租赁费/维修费支付	厂房租赁费：每年第四季度需要支付下一年厂房租赁费					
		生产线维修费：每年第四季度需支付本年生产线维修费，当年新安装的生产线不需要缴纳维修费					
	支付库存费	支付原材料和产品库存费					
	折旧	随着生产线使用年限的增加，生产线会出现贬值；通过折旧这个项目在税前利润中扣除					
	关账	每年经营结束后，年末进行关账操作					
	进入下一年						

表4-67　第三年资金预算表

序　号	请按照顺序执行下列各项操作，在相应空格内填入资金需求计划			
	经营项目	具体开支目录	表达式	金额
年初	期初资金		+	
1	市场预测与分析	购买市场调研报告	−	
2	市场开拓	各市场开拓费	−	
3	ISO认证	ISO9000，ISO14000认证费	−	
4	开发客户	客户开发费	−	
5	参与投标	标书购买	−	
6	投放招商广告	广告投放	−	
8	产品研发	各产品研发费	−	
10	租赁/购买厂房	租赁费	−	
11	生产线	转产费	−	
12	原料采购	产品生产成本（原料费）	−	
13	投入生产	产品生产成本（加工费）	−	
15	签约零售商	零售商进场费	−	
16	货物配送	配货费	−	
19	媒体广告投放	广告费	−	
20	应收账款/应付账款	应收账款	+	
		应付账款	−	
21	短期贷款/还本付息	还本付息	−	
22	管理费缴纳	管理费	−	
23	应交税费缴纳	税费	−	
24	进入下一季度			
年末6项工作	长期贷款/还本付息	还本付息	−	
	租赁费/维修费支付	租赁费/维修费	−	
	支付库存费	库存费	−	
	折旧	折旧	−	
	进入下一年			
	借贷资金需求合计			
	经营资金需求合计			

表4-68　第三年直销订单登记表

订 单 号						合　计
市场						
产品						
数量						
账期						
销售额						
成本						
毛利						
交货期						

表4-69　第三年招商广告投放登记表

产品/市场	南　部	东　部	中　部	北　部	西　部
P1					
P2					
P3					
P4					
合计					

表4-70　第三年批发订单登记表

订单号								合　计
市场								
产品								
数量								
销售额								
成本								
毛利								
交货期								

表4-71　第三年物料采购计划表

原　料	内　容	第一季度	第二季度	第三季度	第四季度
R1	毛需求量				
	库存				
	已预订				
	净需求量				
	提前期				
	采购计划				
R2	毛需求量				
	库存				
	已预订				
	净需求量				
	提前期				
	采购计划				
R3	毛需求量				
	库存				
	已预订				
	净需求量				
	提前期				
	采购计划				

原　料	内　容	第一季度	第二季度	第三季度	第四季度
R4	毛需求量				
	库存				
	已预订				
	净需求量				
	提前期				
	采购计划				

表4-72　第三年产能计划表

产品 （功能）	年初库存	第一季度产量	第二季度产量	第三季度产量	第四季度产量	合　计

表4-73　第三年媒体广告投放表

产　品	媒　体	第一季度	第二季度	第三季度	第四季度
P1	百度				
	央视黄金				
	央视午间				
	央视晚间				
P2	百度				
	央视黄金				
	央视午间				
	央视晚间				
P3	百度				
	央视黄金				
	央视午间				
	央视晚间				
P4	百度				
	央视黄金				
	央视午间				
	央视晚间				

表4-74　库存管理表

产品名称	产品型号	库存量	单 价	总 成 本

（2）第三年年末相关报表。

第三年年末填写表 4-75 ～表 4-78。

表4-75　第三年产品核算表

产品	销售数量	销 售 额	成 本	毛 利
P1				
P2				
P3				
P4				
合计				

表4-76　第三年市场分析表

营销渠道		各小组市场占有率									
		A1	A2	A3	A4	A5	A6	A7	A8	A9	A10
直销											
批发											
零售 P1	习惯型										
	理智型										
	情感型										
	经济型										
	不定型										
	冲动型										
零售 P2	习惯型										
	理智型										
	情感型										
	经济型										
	不定型										
	冲动型										
零售 P3	习惯型										
	理智型										
	情感型										
	经济型										
	不定型										
	冲动型										

营销渠道		各小组市场占有率									
		A1	A2	A3	A4	A5	A6	A7	A8	A9	A10
零售 P4	习惯型										
	理智型										
	情感型										
	经济型										
	不定型										
	冲动型										

表4-77　企业信息表

我的企业信息	企业总媒体影响力	
	上季度营业收入	
	ISO9000品牌值	
	ISO14000品牌值	
各小组综合指数	A1　A2　A3　A4　A5　A6　A7　A8　A9　A10	

表4-78　竞争对手情报分析表

项　目	主要内容	主要竞争对手分析
生产情况	（1）产品结构 （2）在制品及库存数量 （3）生产线类型及数量 （4）原材料采购情况	
研发情况	（1）产品研发情况 （2）ISO开发情况	
市场开拓	（1）已完成开拓的市场 （2）正在开拓的市场	
销售情况	（1）销售产品类型、数量单价和销售额 （2）各企业所占产品和各市场的市场份额 （3）媒体中标情况	
财务状况	（1）资产情况 （2）负债情况（长期贷款、短期贷款、民间融资和应付账款等） （3）损益情况（净利润、应交税费和所有者权益）	

二、年末总结研讨

1.财务分析

根据企业经营财务报表情况填写表4-79和表4-80。

表4-79　第三年利润表

单位：万元

利 润 表			
项目	表达式	上年值	当年值
营业收入	+		
减：营业成本	−		
税金及附加	−		
销售费用	−		
管理费用	−		
财务费用	−		
营业利润	=		
加：营业外收入	+		
减：营业外支出	−		
利润总额	=		
减：所得税费用	−		
净利润	=		

表4-80　第三年资产负债表

单位：万元

资产负债表							
资产				负债及所有者权益			
项目	表达式	上年金额	当年金额	项目	表达式	上年金额	当年金额
流动资产				流动负债			
货币资金	+			短期借款	+		
其他应收款	+			应付账款	+		
应收账款	+			预收账款	+		
存货				应交税费	+		
原材料	+			流动负债合计	=		
在途物资	+			非流动负债			
在制品	+			长期借款	+		
库存产品	+			非流动负债合计	=		
发出产品	+			负债合计	=		
流动资产合计	=			所有者权益			
非流动资产				实收资本	+		
固定资产原价				未分配利润	+		
土地和建筑	+						
机器和设备	+						
减：累计折旧	−						

资产负债表							
资产				负债及所有者权益			
项目	表达式	上年金额	当年金额	项目	表达式	上年金额	当年金额
固定资产账面价值	=						
在建工程	+						
非流动资产合计	=			所有者权益合计	=		
资产总计	=			负债和所有者权益总计	=		

2. 小组述职

述职环节要求：

（1）由 CEO 组织本年度述职工作。

（2）每个角色本着实事求是的原则，就自己现任职务履职的成绩、问题和经验进行阐述。

（3）时间限定在 1 分钟内，全部人员完成述职的限定时间为 5 分钟。

管理是科学，管理更是艺术。3 年的经营已经进入尾声，你一定有很多深刻的体会，那就一吐为快，记录在表 4-81 中吧！

表4-81　第三年总结与反思

我学会了什么（记录知识点）：

企业经营过程中遇到了哪些问题？
计划评价：
下一年准备如何改进？

任务四　经 营 总 结

学习目标

1. 掌握企业经营各个岗位的评价指标
2. 完成经营分析报告和收获感悟报告

一、岗位评价

目前的市场营销沙盘经营系统是对企业整体经营业绩进行积分评价。这种评价可以展现整个小组的经营业绩，但小组成员如何评价，特别是与其他小组相应成员如何进行比较仍是个难题。现实中可以发现，有些团队因为有 1～2 名"牛人"，所以使企业取得不错的业绩，而其余队员仅仅是扮演"打酱油"的角色。因此以企业的业绩来简单评价成员是不全面的，说服力不足。一个小组业绩不佳，并不能说明每位成员的能力都不强。

沙盘模拟非常讲究团队合作，但也需要透彻剖析各岗位的经营得失，尽可能"量化"各个岗位"绩效"，并指出改进方向，这无疑对经营者能力的提升是大有帮助的。

岗位评价需要注意以下几个问题。

1. 评价指标按职责分类

企业经营是一个整体，要想绝对没有关联地区分每个岗位的贡献是不可能的。如媒体广告投入费用过大，其责任是属于营销总监没有成本意识还是财务总监不会进行费用预算？对此只能硬性规定属于哪个部门的责任由哪个部门来负责。如媒体广告支出属于营销总监负责，而其他影响，划归为"团队合作"问题，由 CEO 负责。

2. 指标计算的原始数据取自各组实际经营情况

这样操作相对来说比较客观，不容易引发争议。有些指标容易计算，如招商广告成本、媒体广告成本；有些指标需要用原始数据进行数据分析，如团队合作。

3. 指标的评判需要借助历史经验和数据，无法完全做到客观和量化

（一）对营销总监的评价

1. 成本控制因素

用招商广告费、媒体广告／销售额及所接订单直接成本／销售额来衡量，两个指标越小说明营销总监策划的销售效果越好。

2. 现金流配合意识

可以从应收款比率与销售收益率两方面考虑。应收款比率指应收款在流动资产中所占的比率，值太大意味着资金风险大，说明在选择回款周期时考虑欠周；销售收益率指当（季度）年销售额转化为现金的比率，转化率越高，说明销售策略选择越优。

3. 市场份额

各组销售所占市场份额比率可以反映企业对各类人群把握的意识和效果。当然，该指标与其他岗位因素有密切的关系，可将其划归为"团队合作"因素进行评价。

4. 客户满意度

有关客户满意度的评价可以用"当季度（年）零售订单"的金额或者数量进行评价。当然，该指标与其他岗位因素有密切的关系，可将其划归为"团队合作"因素进行评价。

5. 目标人群定位准确性

可以用各组在各个市场份额的排名情况来判定。若在某个目标人群的份额排名越靠前，则认为其定位准确性越高。

6. 产品库存控制

控制产品库存是营销总监的基本职能，通过能否在运营过程中正确预算可以销售的产品数量判定其营销管理意识是否清晰。若累计库存过大，则会造成资金不合理占用、采购计划不精准、资金周转率不高等结果。

（二）对运营总监的评价

1. 物流成本控制

运营总监将各类零售商销售数据进行整理和分析后，合理调配企业的产品资源，调拨费、库存费越少，说明运营主管对企业产品出入库处理的效果越好。

2. 回款周期控制

运营总监将各类订单数据整理分析，根据订单的回款周期（特别是直销订单），合理安排

商品出库交货。

（三）对财务总监的评价

1. 财务成本控制

该因素主要涉及长短期贷款利息、民间融资利息等。财务成本大说明财务主管的融资意识和现金流控制意识比较差。

2. 现金流控制

该因素主要考虑如速动比率等指标掌控，体现财务主管的现金流控制意识。

3. 财务杠杆意识

即能否正确运用贷款来提高股东回报率。

4. 费用控制意识

主要体现在各项费用投资的回报率上，如媒体广告费的回报率。当然，该指标与其他岗位因素有密切的关系，可将其划归为"团队合作"因素进行评价。

（四）对 CEO 的评价

CEO 应当对整体经营负责，所以对 CEO 的评价因素应当体现在以下几个方面。

1. 股东满意度

最后的各小组根据公式"经营得分 =（1+ 总分 /100）× 所有者权益 × 追加股东投资比例"计算分数，可以作为股东满意度的最终指数，且是核心指标。

2. 总成本控制

所有费用的成本分摊累计可以作为 CEO 的一个评价因素。尽管费用成本与各岗位职责相关，但最终决策是得到 CEO 认同的。因此，CEO 必须对最终总成本负责。

3. 团队合作

可以将各小组内表现最差的岗位与表现最佳的岗位之间的落差作为评价指标。CEO 的责任之一就是不断改进，使小组的最"短板"得到提高，以此来提高整个团队的业绩。

4. 企业成长

资产规模的增长情况可以说明企业成长的好坏。

5. 市场战略

市场战略方向是否合理，可以通过考查各市场占有率来评判。

二、经营分析报告

经过学习和经营实践，我们收获的不仅仅是模拟经营的过程，还包括赛后的总结、评价与交流。模拟经营使我们学到了知识，得到了锻炼，也获得了技能的提升，最后有必要做一个总结分析与评价。请写出 500 字以上的经营分析报告，内容可以参考表 4-82 的提示，题目自拟。

表4-82 企业经营分析报告

专业		班级		姓名	
组号		职位/岗位		学号	

题目:
报告摘要:
经营成果:
主要指标完成情况分析:
主要计划与指标完成情况评价:
建议与措施:
教师评价:

（注：纸张不够请另附）

三、收获/感悟报告

对抗比赛带给我们的是职位的体验、思路的启发、智慧的启迪和人生的感悟，这是我们真正收获的硕果，我们应当认真地加以回顾和总结。请写出不少于 300 字的收获报告，内容可以从以下类别中选择，题目自拟，参考表 4-83。

（1）模拟企业经营与专业素质（包括知识拓展）。

（2）能力方面的锻炼（辩证思维、发散思维、差异化思维等思维培养，发现问题、解决问题的能力提高，实践水平、动手能力的提升等）。

（3）综合素质方面的提升（职业定位，思想及情感、意志等，学习收获，人生感悟，团队集体，全局与共赢等）。

表4-83　收获/感悟报告

专业		班级		姓名	
组号		职位/岗位		学号	
题目：					
报告摘要：					
正文：					
教师评价：					

（注：纸张不够请另附）

模块五　解密市场营销沙盘经营

几年的经营也许你懵懵懂懂，跌跌撞撞

也许你已经破产，却不知道原因

虽然能讲出一些道理，但零星散乱

也许你盈利了，但可能很大程度上归于运气

和很多经营者一样，你不知不觉地用了"哥伦布模式"

走的时候，不知道去哪里

到的时候，不知道在哪里

回来的时候，不知道去过了哪里

让我们一起抽丝剥茧，解析市场营销沙盘模拟经营的奥秘吧

任务一　战略——我们想成为什么样的企业

学习目标

1. 理解企业经营的本质
2. 读懂市场，明确我们想成为什么样的企业

　　企业经营犹如在波涛汹涌的大海中航行。企业要在瞬息万变的竞争环境中生存和发展，离不开企业战略的指引。在制定发展战略时，一定要注意控制发展速度。此举并非是提倡墨守成规、停滞不前，而是要注意企业发展的速度要与企业的权益和财务状况的发展相平衡，这样才能相得益彰，这也是市场营销沙盘模拟经营管理的精髓。

　　在市场营销沙盘模拟经营过程中，有些团队在制定企业的发展战略时，豪情万丈，气吞山河，大有扫平天下之势：一上来就将短期贷款和民间融资的4200万额度用完，大额度资金投标招商广告，大额度资金投入媒体广告，火拼第一年的理智、习惯消费人群，结果一旦订单达不到理想的效果，则企业权益为负或现金断流，最后不得不含泪宣告破产。

因此，企业在制定战略时，一定不要脱离实际，要懂得量力而行。当然，过于保守也不行。正确的做法是：由于资源有限，企业在一定时期内，只能做有限的事，因此目标一定要明确。具体来说，应思考以下问题：

① 企业规模，是大企业还是小企业；

② 产品，是多品种还是少品种；

③ 消费人群，是多人群还是少人群；

④ 市场地位，是努力成为市场领导者还是做个追随者。

一、企业经营的本质

企业是营利性组织，其出发点和归宿是盈利。企业一旦成立，就会面临竞争，并始终处于生存和倒闭、发展和萎缩的矛盾之中。企业必须生存下去，才可能获利，而只有不断地发展才能求得生存。因此，我们在经营企业的时候，总的目标应该是生存、发展和获利。

1. 企业如何生存

企业要想在残酷的市场当中生存下来，需要具备以下两个基本条件。

一是收可抵支。企业付出货币，从市场上获取所需的资源；提供市场需要的产品和服务，从市场上换回货币。企业从市场获得的货币至少要等于付出的货币，以便维持继续经营，这是企业长期存续的基本条件。如果出现相反的情况，企业没有足够的货币从市场换取必要的资源，规模就会萎缩，直到无法维持最低的运营条件而终止。如果企业长期亏损，扭亏无望，就失去了存在的意义。为避免进一步扩大损失，所有者应该主动终止营业。

二是按期偿债。企业为扩大业务规模或满足经营周转的临时需要，可以向系统借债（短期贷款、民间融资和长期贷款）。一旦资不抵债或者资金链断裂，企业将宣告破产。在企业模拟经营过程中，一旦破产条件成立，裁判可以按照规则定夺。

因此，企业生存的主要威胁来自两个方面：一是长期亏损，它是企业终止的内在原因；二是不能偿还到期债务，它是企业终止的直接原因。亏损企业为维持运营被迫进行偿债性融资，借新债还旧债，如不能扭亏为盈，迟早会借不到钱而无法周转，从而不能偿还到期债务。盈利企业也可能出现"无力支付"的情况，主要是借款扩大销售业务规模，冒险失败，企业经营无法继续下去。因此，企业应力求保持以收抵支和偿还到期债务的能力，减少破产的风险，使企业能够长期、稳定地生存下去。

2. 企业如何发展

企业是在发展中求生存的。企业的销售经营如"逆水行舟"，不进则退。产品不断更新换代，企业必须不断推出更好、更新、更受顾客欢迎的产品，才能在市场中立足。在竞争激烈的市场上，各个企业此消彼长、优胜劣汰。一个企业如果不能发展，不能提供产品和服务，不能扩大自己的市场份额，就会被其他企业排挤出去。企业的停滞是其死亡的前奏。

企业的发展集中表现为扩大收入。扩大收入的根本途径是扩大销售数量，提高产品销售额。然而各种产品的取得都需要付出货币，企业的发展离不开资金。因此，能够筹集企业发展所需的资金，是对企业的理财要求。

3. 企业如何盈利

企业必须能够盈利，才有存在的价值。企业经营的目标就是为了实现股东权益最大化，即盈利。从利润表中不难看出，企业盈利主要有两种途径：一是扩大销售（开源），二是控制成本（节流）。从财务上看，盈利就是使资产获得超过其投资的回报。在市场经济中，没有"免费使用"的资金，资金的每项来源都有其成本。每项资产都是投资，要从中获得回报。

企业经营的命根子是盈利，那如何衡量经营的好坏？有两个最关键的指标：资产报酬率(ROA) 和权益报酬率（ROE）。

ROA 越高反映企业经营能力越强，即企业中一块钱的资产能获利多少。但企业的资产并不属于股东，股东最关心的是权益报酬率，ROE 反映的即是股东一块钱的投资能收益多少。

$$ROE=ROA \times 1/(1-资产负债率)$$

ROA 一定时，资产负债率越高，ROE 就越高，表明企业在"借钱生钱"，用别人的钱为股东赚钱，这就是财务杠杆效应；资产负债率不变时，ROA 越高，ROE 也越高，表明企业的经营能力越强，给股东带来更大的回报，这就是经营杠杆效应。

如果资产负债率过高，企业经营风险会很大，这时经营的主动权不在经营者手里，一旦环境有变则风险极大。如一旦由于贷款到期出现现金流短缺，企业将面临严重的经营风险。当资产负债率大于 1 时，就是资不抵债，理论上讲就是破产。表 5-1 是 3 家企业的盈利能力比较。

表5-1　3家企业的盈利能力比较

企业	总资产	负债	权益	净利	ROA/%	ROE/%
A	100	0	100	15	15	15
B	100	50	50	15	15	30
C	100	90	10	4	4	40

A、B 企业净利相同，但由于 B 企业运用了财务杠杆，所以提高了净资产收益率；C 企业虽然净利最小，只有 4，但由于其高负债率，净资产收益率反而最高，达40%。但同时 C 企业也蕴含了巨大的风险，面临巨大还贷压力，一旦现金断流，则意味着破产。

二、读懂市场

市场是企业经营最大的变数，也是企业利润的最终源泉，其重要性不言而喻，营销总监可以说是最有挑战性的岗位。

（一）产品组合分析

仔细研究市场营销沙盘系统（ITMC 市场营销综合实训与竞赛系统 4.0 版本）的市场预测数据，不难发现，在特定版本下，市场预测数据是不变的，但是实际经营需要以市场调研报告及实际经营者的经营习惯为准，两者还是存在一定的差距。根据 2018 年全国职业技能竞赛市场营销技能省赛、国赛产品组合数据研究显示，各模拟企业经营 P1 产品占比为 29% ~ 37%，接近于市场预期的 39.3%（市场预测理论占比如图 5-1 所示），国赛数据产品占比指的是单品销售额占所有产品销售额之比。P1 产品占比只有 29%，是由市场竞争环境造成的，说明该小组在竞赛过程中 P1 产品做得太多了，或者该企业经营者对 P1 产品定价太低（或折扣力度过大），导致销售额过低）；P2 产品占比为 26% ~ 45%，P3 产品占比为 9% ~ 21%，P4 产品占比为 7% ~ 31%。

（扫描二维码，观看原图）

图 5-1　市场预测理论占比

2016—2018 年，市场营销沙盘市场模型基本上接近，从 3 年的产品组合的层面来研究，对比 4 种产品的占比情况（如表 5-2 所示）可以大致推断当年度模拟企业经营者的产品组合策略。

表5-2　2016—2018年产品市场占比情况

年份/产品	P1	P2	P3	P4
2016年	23%-41%	25%-50%	11%-17%	10%-20%
2017年	11%-26%	32%-52%	3%-27%	18%-25%
2018年	29%-37%	26%-45%	9%-21%	7%-31%
4.0版本系统数据	39.3%	28.7%	16.8%	15.2%

将每个模拟企业 3 年经营完成后的直销、批发和零售销售额累加，可计算出本企业 4 种产品的销售占比。市场预测里 P1 的理论市场份额是 39.3%，如果你经营的企业 P1 占比远高于或远低于 39.3%，那说明企业没有抓住其他的产品，也就是说，在产品组合方面你的企业是有欠缺的。

（二）销售方式分析

每个模拟企业 3 年经营完成后的直销、批发和零售销售额累加，可计算出本企业 3 种销售方式的销售占比。根据市场营销沙盘系统（ITMC 市场营销综合实训与竞赛系统 4.0 版本）的市场预测数据，P1 产品直销占比 9.02%，批发占比 15.84%，零售占比 75.14%。2016—2018年，P1 产品销售方式占比分析如表 5-3 所示，可以发现 2018 年 P1 直销销售方式和批发销售方式的占比较 2016 年、2017 年有较大提升；2018 年 P1 零售销售方式的占比最大值较 2016 年、

2017 年基本持平，占比最小值大幅下降。

表5-3　2016—2018年P1销售方式占比分析

年份/产品	直　销	批　发	零　售
2016年	0 ~ 11%	8% ~ 12%	87% ~ 100%
2017年	0 ~ 12%	7% ~ 20%	80% ~ 93%
2018年	0 ~ 36%	4% ~ 34%	29% ~ 95%
4.0版本系统数据	9.02%	15.84%	75.14%

根据市场营销沙盘系统（ITMC 市场营销综合实训与竞赛系统 4.0 版本）的市场预测数据，P2 产品直销占比 26.24%，批发占比 26.24%，零售占比 47.52%。2016—2018 年 P2 产品销售方式占比分析如表 5-4 所示，可以发现 2018 年 P2 直销销售方式和批发销售方式的占比较 2017 年略有下降；2018 年 P2 零售销售方式的占比最大值较 2017 年大幅增加，占比最小值大幅下降。

表5-4　2016—2018年P2销售方式占比分析

年份/产品	直　销	批　发	零　售
2016年	0	0 ~ 24%	75% ~ 100%
2017年	27% ~ 81%	0 ~ 25%	15% ~ 20%
2018年	17% ~ 78%	0 ~ 18%	2% ~ 78%
4.0版本系统数据	26.24%	26.24%	47.52%

根据市场营销沙盘系统（ITMC 市场营销综合实训与竞赛系统 4.0 版本）的市场预测数据，P3 产品直销占比 18.17%，批发占比 46.43%，零售占比 35.4%。2016—2018 年 P3 产品销售方式占比分析如表 5-5 所示，可以发现 2018 年 P3 直销销售方式的占比最大值较 2017 年略有下降，占比最小值大幅下降；2018 年 P3 批发销售方式的占比较 2017 年提升幅度较大，这是因为 4.0 以前版本的数据模型中 P3 产品在 3 种销售方式的占比比较平均；2018 年 P3 零售销售方式的占比最大值较 2017 年大幅增加，占比最小值略有下降。

表5-5　2016—2018年P3销售方式占比分析

年份/产品	直　销	批　发	零　售
2016年	0 ~ 4%	0 ~ 2%	57% ~ 100%
2017年	35% ~ 84%	0 ~ 24%	11% ~ 42%
2018年	8% ~ 73%	0 ~ 55%	6% ~ 91%
4.0版本系统数据	18.17%	46.43%	35.4%

根据市场营销沙盘系统（ITMC 市场营销综合实训与竞赛系统 4.0 版本）的市场预测数据，P4 产品直销占比 46.07%，批发占比 18.04%，零售占比 35.89%。2016—2018 年 P4 产品销售方式占比分析如表 5-6 所示，可以发现 2018 年 P4 直销销售方式的占比最大值较 2017 年略有下降，

占比最小值大幅下降；2018 年 P4 批发销售方式的占比较 2017 年提升幅度较大；2018 年 P4 零售销售方式的占比最大值较 2017 年大幅增加，占比最小值略有上升。

表5-6　2016—2018年P4销售方式占比分析

年份/产品	直　销	批　发	零　售
2016年	0～22%	0～36%	63%～100%
2017年	79%～99%	0～4%	1%～20%
2018年	27.53%～91.14%	0～5.99%	2.73%～72.47%
4.0版本系统数据	46.07%	18.04%	35.89%

（三）市场组合分析

根据市场营销沙盘系统（ITMC 市场营销综合实训与竞赛系统 4.0 版本）的市场预测数据，南部市场市场份额占比 47%，东部市场市场份额比 23%，中部市场市场份额占比 15%，北部市场市场份额占比 13%，西部市场市场份额占比 2%。其中区间数据代表 2018 年全国职业技能竞赛市场营销技能省赛、国赛市场组合数据研究结果，如图 5-2 所示为系统市场需求分布。由此可以看出，学生在市场营销沙盘模拟对抗竞争过程中，其市场组合结构与市场预测分析数据越来越接近。

图 5-2　系统市场需求分布

（四）零售人群分析

根据市场营销沙盘系统（ITMC 市场营销综合实训与竞赛系统 4.0 版本）在 2018 年国职业技能竞赛市场营销技能省赛、国赛数据分析，零售人群主打的是理智型消费人群，占比 57%；其次是习惯型消费人群，占比 32%；情感型消费人群不再像 2017 年以前那么受追捧（不能叠加产品型号进行高价销售），占比仅为 9%，如图 5-3 所示为 2018 年零售人群占比趋势。理智型、习惯型和情感型都属于高费高价人群，尤其是理智型。

读懂了市场预测，同时还要对竞争对手有正确的评估，才能制定采购和销售策略。企业竞争就是"博弈"，知己知彼，百战不殆。大家如果都去抢价格高、需求大的综合人群市场，其结果反而是恶性竞争，所以往往看着是"馅饼"，其实可能是"陷阱"。

图 5-3 2018 年零售人群占比趋势

（扫描二维码，
观看原图）

三、谋定而后动

以下几种情况是市场营销沙盘模拟经营中经常会碰到的：

（1）盲目研发产品或开拓市场，却没派上用处；

（2）脑子一发热，抢来某类人群市场，下一年（季度）又拱手相让；

（3）某个阶段媒体狠砸一通广告，却发现没有竞争对手，造成极大的资金浪费；

（4）还没搞清楚要卖什么产品，就匆匆忙忙采购了一堆原材料；

（5）销售情况不错，利润却上不去。

很多经营者一直是糊里糊涂的，这是典型的没用战略的表现。所谓战略，就是企业各项运作活动之间建立的一种配称。企业拥有的资源是有限的，如何分配这些资源，使企业的价值实现最大化，这就是配称。目标和资源之间必须匹配，否则目标再远大，实现不了也只能沦为空想。

市场营销沙盘模拟经营必须在经营之初就做好如下几个战略问题的思考。

（1）企业的经营目标是盈利，还包括市场占有率等目标。

（2）销售什么产品组合？

（3）如何制定采购策略？

（4）主抓哪类消费人群？准备如何做？

（5）融资规划。

……

市场营销沙盘模拟经营中为了实现战略目标，最有效的工具是做长期资金规划，前期至少规划 1～2 年，同时将采购计划、促销计划、媒体广告计划等也一并完成，这就形成了一套可行的战略。当然仅一套战略是不够的，事先还需要形成数套战略，同时在执行的过程中动态调整。此外，还有两点要引起重视：一是在战略的制定和执行中，永远不要忘记你的对手，对手的一举一动都会对你产生重大影响；二是前两年是经营的关键，此时企业资源较少，战略执行必须步步为营，用好每一分钱。前期若是被对手拉大差距，后期想赶超是很难的。第一季度浪费1万元，可能导致第三年权益相差几十万元，这就是"蝴蝶效应"。

任务二　财务——谁吸走我们的流动资金

学习目标

1. 掌握资金流动的去向，合理分配使用资金
2. 理解现金为王的道理，懂得如何管理资金

对于企业而言，在一定的条件下，现金比利润更重要，现金状况直接影响到企业的生存质量。有许多企业虽在账面上有巨额盈利，但却因现金不足而破产倒闭；有些企业虽然在账面上巨额亏损，却因有足够的现金而得以生存。企业的财务活动就是现金循环和周转的过程，筹资、投资，再筹资、投资……从起点又回到起点。这不是简单的重复，在这个过程中企业创造了财富，使得企业和其他利益相关者受益，这是一个螺旋上升的循环模式。

现金管理要解决的问题：一是尽快取得现金收入并缩短现金循环的周期；二是保证有足够的现金来偿还到期的支出款项并且妥善利用销售收入。

一、现金——企业的生命之源

市场营销沙盘模拟中，因为对现金使用不当导致企业经营困难，甚至破产的案例时有发生。发生这些现象的主要原因在于企业没有做好现金预算和财务计划。

有以下几种情况是市场营销沙盘模拟经营中经常会看到的，说明经营者对现金管理还不太理解。下面从现金管理的角度一一进行分析：

（1）在经营状态中看到现金不少，就比较放心了；

（2）还有不少现金，但却破产了；

（3）能借钱的时候尽量多借，以免第二年借不到。

库存现金越多越好吗？错！现金如果够用，越少越好。现金从哪里来？可能是短期贷款、民间融资或长期贷款，都是要付利息的（短期贷款利率最低也要5%）；还可能是销售回款。

现金不少，企业却破产了，很多同学这个时候会一脸茫然。破产是指所持有的现金不足以支付必须要支付的款项，造成现金断流。一般造成现金流断裂的原因包括：不能支付应付账款、贷款本息、员工工资、租赁费、维修费售后服务费、库存管理费、行政管理费、相关税费、物流费用及企业装修费用。

【知识拓展】

企业现金的循环和周转

某企业刚刚成立，资金来自所有者和债权人，手里的资金需要用于购置厂房和设备，还需要购买材料和雇佣工人，随着这些生产要素的投入，生产的产品暂时存入仓库。这样，初始资金转化为有形的存货。企业售出产品，存货又变成现金，如果是赊销，则只有在一段时间之后才能变成现金。这种现金到固定资产，到存货，到应收账款，再恢复至现金的过程就是该企业的现金循环和周转。

上面的案例回答了以下几个问题。

（1）现金从哪来？所有者向企业投入股本，银行向企业提供贷款。

（2）现金如何流转？从现金，到固定资产，到流动资产，到应收账款，到回收现金的过程。

（3）加速现金流转的关键点是什么？做好现金预算、存货控制等。

（4）资源规划。企业的资源是有限的，任何资金占用过大都会影响整个企业资源的正常分布。

权益和资金有什么关系呢？从短期来看，两者是矛盾的，资金越多，需要付出的资金成本就越多，反而会降低本年权益；从长期来看，两者又是统一的，权益高了，就可以从银行借更多的钱。企业经营的初期，会在这两者之间纠结，要想发展，做大做强，必须得借钱融资，但这是受制于权益的，借钱受到极大的限制，又如何发展呢？这是企业经营之初的"哥德巴赫猜想"，破解了这个难题，企业经营也就成功了一半。

"在权益较大的时候应多借一点，以免下一年权益下降了借不到"。这个观点有一定的道理，但是也不能盲目的借款，否则以后一直会背负沉重的财富负担，甚至还不出本金，这不就是"饮鸩止渴"吗？

【小思考】

什么是"哥德巴赫猜想"？

通过上述分析我们可以看出资金管理的重要性。资金是企业日常经营的"血液"，断流一天都不可以。我们将可能涉及资金流入流出的业务汇总后，不难发现其基本上涵盖了所有的业务。如果我们将来年的可能发生额填入表中，就自然形成了资金流动表，如表5-7所示。如果资金出现断流，必须及时调整，看看哪里会有资金流入，及时给予补充。

表5-7　资金流动表

序号	请按照顺序执行下列各项操作，在相应空格内填入资金需求计划						
	经营项目	具体开支目录	表达式	1	2	3	4
年初	期初资金		+				
1	市场预测与分析	购买市场调研报告	−				
2	市场开拓	各市场开拓费	−				
3	ISO认证	ISO9000，ISO14000认证费	−				
4	开发客户	客户开发费	−				
5	参与投标	标书购买	−				
6	投放招商广告	广告投放	−				
8	产品研发	各产品研发费	−				
10	租赁/购买厂房	租赁费	−				
11	生产线	转产费	−				
12	原料采购	产品生产成本（原料费）	−				
13	投入生产	产品生产成本（加工费）	−				
15	签约零售商	零售商进场费	−				
16	货物配送	配货费	−				
19	媒体广告投放	广告费	−				
20	应收账款/应付账款	应收账款	+				
		应付账款					
21	短期贷款/还本付息	还本付息	−				
22	管理费缴纳	管理费	−				
23	应交税费缴纳	税费	−				
24	进入下一季度						
年末6项工作	长期贷款/还本付息	还本付息	−				
	租赁费/维修费支付	租赁费/维修费	−				
	支付库存费	库存费	−				
	折旧	折旧	−				
	进入下一年						
	借贷资金需求合计						
	经营资金需求合计						

　　从表5-7可以看出，现金流入项目实在太有限，而其他流入项目都对权益有"负面"影响。由此可以明白资金预算的意义了：首先需保证企业的正常运作，不发生断流，避免破产出局；其次，合理安排资金，降低资金成本，使权益最大化。资金预算、销售计划、采购计划和媒体推广计划的综合使用，既可以保证各计划正常执行，又可防止出现不必要的浪费，如库存积压

等。同时，如果市场形势、竞争格局发生改变，资金预算必须进行动态调整，适应要求。可以说，资金的合理安排，为其他部门的正常运转提供了强有力的保障。

【小提示】

二、筹资渠道的选择

市场营销企业经营沙盘提供了短期贷款、民间融资和长期贷款3种融资方式，具体应用时可做如下考虑。

（1）由于受到所有者权益数额的限制，要贷款必须考虑权益，尽量将企业的权益做大。在经营的前两年，特别是第一年，由于投资数额巨大，为抢占市场占有率，企业利润往往较少，权益会呈现下降趋势。在融资过程中一定要对权益的数额进行预测，以明确信贷数额，防止企业因资金链断裂而破产。

（2）在融资时要注意贷款的用途。短期资金的融资模式有短期贷款和民间融资2种，短期融资由于偿还期限短，偿债压力大，一般只用于弥补流动资金的不足；长期贷款期限长，偿债压力小，用于弥补企业长期建设资金的不足。在具体使用时，若将短期资金大量用于招商广告投放、媒体广告投标等项目，企业将面临债务危机，甚至有可能面临无法偿还而破产的风险。特别是经营的前两年，资金需求量大，企业利润少。因此，在媒体广告投标上，企业要量力而行，切不可盲目。

（3）考虑到贷款成本及还款期的问题，在流动资金不足时一般优先考虑进行短期贷款，然后是民间融资。具体应用时应该注意短期贷款和民间融资都是每一期有一次机会进行贷款。在进入到下一季度经营前，应该认真核对资金缺口，若资金不足应及时进行贷款，然后再进入下一季度经营。

三、财务分析

财务分析是借助财务报告反映的财务数据，采用专门方法系统分析和评价企业的过去和现在的财务状况和经营成果，通过了解过去、评价现在、预测未来可以将大量的报告数据转换成对企业预测、决策、控制有用的信息。在财务管理中，财务分析起着承上启下的作用。财务分析的数据大部分来源于财务报告，在分析财务报告的基础上，财务分析将对企业的偿债能力、盈利能力、运营能力、发展能力做出评价。

财务分析既能找到企业经营中的薄弱环节，又能从企业全局把握问题之所在。虽然财务分析只能发现问题而不能提供解决问题的答案，但通过分析能够明确需要详细调查和研究的项目，以帮助企业解决问题，并做出下一步经营决策。如果没有分析，就不能将历史数据转变为对决策有用的信息。

1. 杜邦分析——找出影响利润的因素

杜邦分析法利用几种主要的财务比率之间的关系来综合地分析企业的财务状况,用来评价企业的盈利能力和股东权益回报水平。它的基本思想是将企业的权益报酬率(ROE)逐级分解为多项财务比率的乘积,有助于深入分析和比较企业的经营业绩。

杜邦分析图可以直观地发现哪些项目影响了营业收入净利率和资产周转率,找出这两项指标水平高低的原因,从而进一步发现问题产生的原因。

2. 经营能力指标分析

经营能力指标分析包括收益力、成长力、安定力、活动力和生产力五力分析,如表5-8所示。

(1)收益力表明企业是否具有盈利的能力,指标中的净资产收益率是投资者最关心的,它反映了投资者投入资金的能力。一般而言,指标越高越好。

(2)成长力表示企业具有成长的潜力,即持续能力。一般而言,越高越好。

(3)安定力是衡量企业财务状况是否稳定,会不会发生财务危机的指标。流动比率大于2、速动比率大于1的被认为短期偿债能力较好。资产负债率越高,企业面临的财务风险就越大,获利能力也越强,应在60%~70%之间较为合理。

(4)活动力是从企业资产的管理能力方面对企业经营业绩做出评价。周转率越高,说明企业资金周转速度快,获利能力强。

(5)生产力是衡量人力资源产出能力的指标。

表5-8　五力分析

收益力	毛利率	(营业收入-直接成本)/营业收入×100%
	利润率	净利润/营业收入×100%
	总资产净利率	净利润/[(期初资产总计+期末资产总计)/2]×100%
	净资产收益率	净利润/[(期初所有者权益+期末所有者权益)/2]×100%
	销售利润率	利润总额/营业收入×100%
	总资产收益率	利润总额/资产总计×100%
成长力	收入成长率	(本期营业收入-上期营业收入)/上期营业收入×100%
	利润成长率	(本期净利润-上期净利润)/上期净利润×100%
	净资产成长率	(本期末资产总计-上期末资产总计)/上期末资产总计×100%
安定力	流动比率	期末流动资产/期末流动负债×100%
	速动比率	(期末流动资产-期末产品库存)/期末流动负债×100%
	资产负债率	期末负债合计/期末资产总计×100%
活动力	存货周转率	当期营业成本/[(期初产品库存+期末产品库存)/2]×100%
	应收账款周转率	当期销售净额/当期平均应收账款×100%
生产力	人均利润	当期利润总额/当期员工人数
	人均营业收入	当期营业收入/当期员工人数

附录 A　教师指导平台

一、教师指导平台简介

教师指导平台主要包括经营控制、经营数据、经营分析和经营设置等主要功能。教师可以通过教师指导平台进行直销订单招标、批发订单竞标和媒体广告招标的管理，从而进行教学进度的控制；也可以随时监控各组的经营进度，了解各组的经营情况，从而进行教学过程的控制。

教师指导平台提供各个模拟企业的经营数据分析，包括各组的财务报表、现金流量表、直销中标信息、招商广告信息、批发订单信息、媒体中标信息、零售订单信息、市场占有率和各组经营成绩等方面的各项指标分析，为教师的深度点评提供充分的数据保证。

二、系统登录

打开浏览器，输入登录网址 mk.itmc.cn，选择在线训练分区，如网赛专区、国赛专区等；如果学校已经购买软件可以登录自己的服务器平台，如 61.153.213.34：8090/mk。打开如图 A-1 所示的登录界面，填写教师账号、用户密码，初始用户密码为 123。

图A-1　登录界面

图 A-2 显示的是各模块功能，分别是 1—模块功能选择区、2—主界面显示区、3—账号信息显示区、4—系统公告区。

图A-2　模块功能

三、经营控制

1. 账号控制

市场营销沙盘系统根据学生账号数量生成市场环境，在模拟经营开始时教师需要在教师端设置一下参与比赛的账号，并将不参与比赛的账号关闭，然后单击"设置"按钮，如图 A-3 所示。

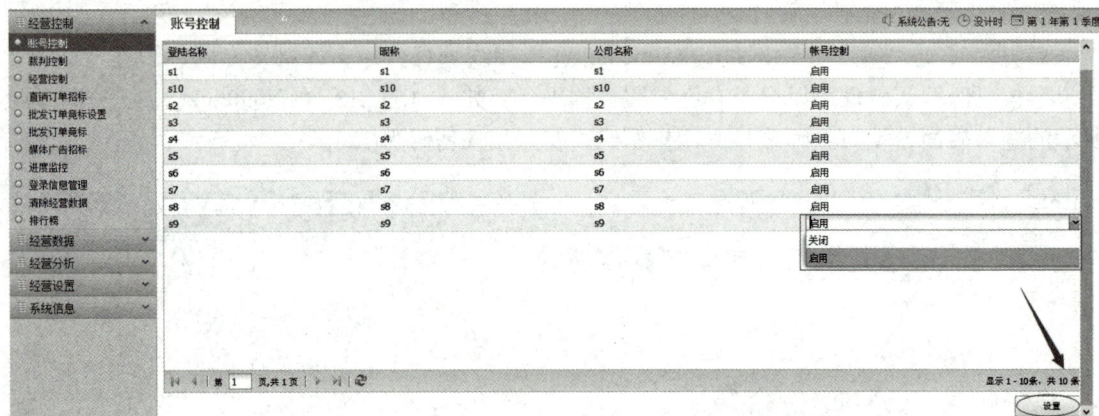

图A-3　账号控制

2. 裁判控制

市场营销沙盘系统设置有裁判控制功能，以帮助教师对学生的经营活动进行连续不间断地控制。教师可按照系统自动设置的经营时间，根据各小组实际经营情况进行经营控制、直销订单招标控制、批发订单竞标控制、媒体广告控制及暂停和恢复计时控制。

（1）教师可进行"经营控制"操作。

操作步骤如下所述。

步骤一：单击窗口左侧"经营控制"下的"裁判控制"项。

步骤二：单击"开始经营"按钮，如图 A-4 所示。

之后各小组才可登录小组账号进行企业经营。每一年结束后，系统不会自动进入下一年经营，只有教师单击"允许进入下一年"按钮，各小组才可进入下一年的经营。

图A-4　裁判控制下的开始经营操作

（2）教师可进行"直销订单招标"操作。

操作步骤如下所述。

步骤一：单击窗口左侧"经营控制"下的"裁判控制"项。

步骤二：单击"开始直销招标"按钮，如图 A-5 所示。

系统根据预先设定好的投标时间，开启倒计时，系统会在教师端和学生端操作界面的右上角显示系统公告"直销招标火热进行中"及"倒计时"提示，如图 A-6 所示。教师也可以在此根据实际教学需要修改预先设定好的直销招标时间。

图A-5　裁判控制下的开始直销招标操作

如果计时没有结束，出现个别小组系统卡顿、意外退出系统、电脑断电、经营者个人身体原因等突发情况需要暂停计时时，教师可以单击"暂停计时"按钮，暂停直销投标倒计时，系统会在教师端和学生端操作界面的右上角显示系统公告"直销招标火热进行中"及"暂停计时"提示，如图 A-6、图 A-7 所示。

如意外情况解除，教师可单击"继续计时"按钮恢复直销投标倒计时，系统会在教师端和学生端操作界面的右上角显示系统公告"恢复计时"及"倒计时"提示，如图 A-7、A-8 所示。

图A-6　裁判控制下的暂停直销招标计时操作

图A-7　裁判控制下的继续直销招标计时操作

步骤三：计时结束，教师单击"结束直销招标"按钮，直销订单招标环节操作结束。若计时没结束但投标监控区指示灯提示各小组都已提交（查看各小组的直销投标状态，绿色代表已经递交，灰色代表尚未递交）也可以提前结束投标，系统会在教师端和学生端操作界面的右上角显示系统公告"直销招标圆满结束"，如图 A-8、图 A-9 所示。

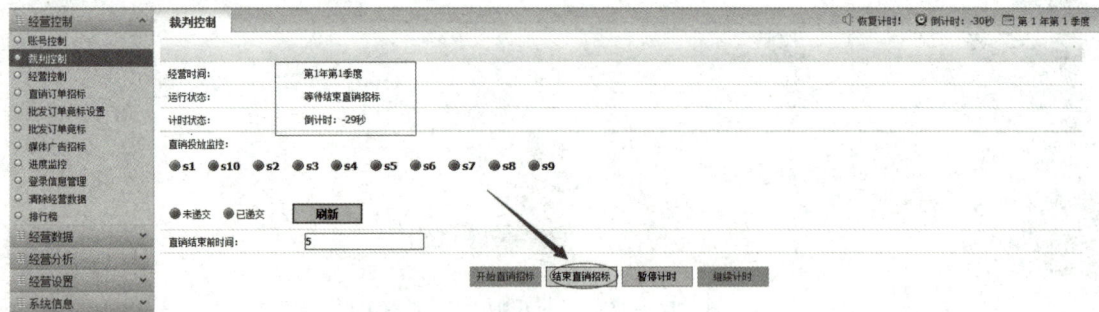

图A-8　裁判控制下的结束直销招标操作

（3）教师可进行"批发订单招标"操作。

操作步骤如下所述。

步骤一：单击窗口左侧"经营控制"下的"裁判控制"项。

步骤二：单击"招商广告计时"按钮，如图 A-9 所示。系统根据预先设定好的招商广告时间，开启倒计时，系统会在教师端和学生端操作界面的右上角显示系统公告"批发招商广告火热进行中"及"倒计时"提示,如图 A-10 所示。教师也可以在此根据实际教学需要修改预先设定好的招商广告时间。

图A-9　裁判控制下的招商广告计时操作

如果计时没有结束,出现个别小组系统卡顿、意外退出系统、电脑断电、经营者个人身体原因等突发情况需要暂停计时时,教师可以单击"暂停计时"按钮,暂停招商广告倒计时,系统会在教师端和学生端操作界面的右上角显示系统公告"招商广告火热进行中"及"暂停计时"提示,如图 A-10、图 A-11 所示。

图A-10　裁判控制下的暂停计时操作

如意外情况解除,教师可在此单击"继续计时"按钮恢复招商广告倒计时,系统会在教师端和学生端操作界面的右上角显示系统公告"恢复计时"及"倒计时"提示,如图 A-11、A-12 所示。

图A-11　裁判控制下的继续计时操作

191

步骤三：教师可在招商广告监控查看各小组的招商广告投标状态，绿色代表已经递交，灰色代表尚未递交。计时结束，教师单击"开始批发招标"按钮，批发订单竞标环节操作开始，教师也可以在此根据实际教学需要修改预先设定好的选单循环时间。系统会在教师端和学生端操作界面的右上角显示系统公告"批发商竞标火热进行中"，如图 A-12、图 A-13 所示。

图A-12　裁判控制下的开始批发招标操作1

教师端单击"开始批发招标"按钮后，系统根据各小组投放广告情况按照循环选单的方式进行选单，系统自动控制各小组的选单时间，如果某小组在规定时间内没有选单，系统会自动跳过该小组切换到下一个小组选单，直至所有区域竞标结束后系统将自动进入媒体广告招标环节。

图A-13　裁判控制下的开始批发招标操作2

（4）教师可进行"媒体广告招标"操作。

操作步骤如下所述。

步骤一，单击窗口左侧"经营控制"下的"裁判控制"项。

步骤二，单击"开始媒体招标"按钮，如图 A-14 所示。系统根据预先设定好的媒体招标时间开启倒计时，系统会在教师端和学生端操作界面的右上角显示系统公告"媒体广告招标火热进行中"及"倒计时"提示，如图 A-15 所示。教师也可以在此根据实际教学需要修改预先设定好的媒体招标时间。

图A-14　裁判控制下的开始媒体招标操作

　　如果计时没有结束，出现个别小组系统卡顿、意外退出系统、电脑断电、经营者个人身体原因等突发情况需要暂停计时，教师可以单击"暂停计时"按钮，暂停媒体广告投标倒计时，如图 A-15 所示。之后系统会在教师端和学生端操作界面的右上角显示系统公告"媒体广告招标火热进行中"及"暂停计时"提示，如图 A-16 所示。

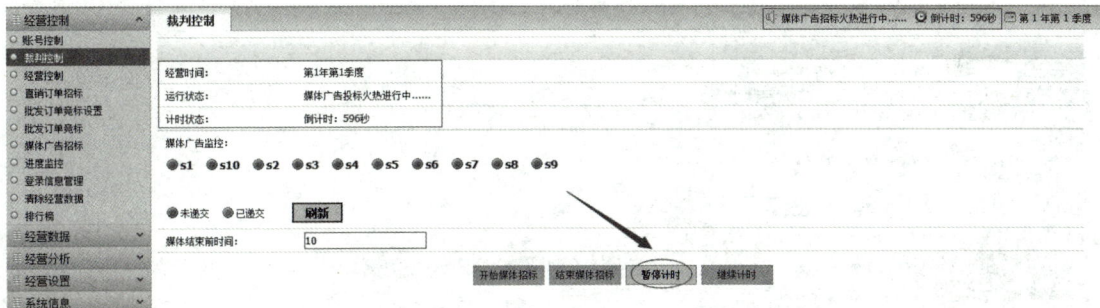

图A-15　裁判控制下的暂停计时操作

　　如意外情况解除，教师可单击"继续计时"按钮恢复媒体广告投标倒计时，如图 A-16 所示。之后系统会在教师端和学生端操作界面的右上角显示系统公告"恢复计时"及"倒计时"提示，如图 A-17 所示。

图A-16　裁判控制下的继续计时操作1

图A-17　裁判控制下的继续计时操作2

步骤三：教师可在"媒体广告监控"一栏下查看各小组的媒体广告投标状态，绿色代表已经递交，灰色代表尚未递交。计时结束，教师单击"结束媒体招标"按钮，媒体广告招标环节操作结束，如图 A-18 所示。系统会在教师端和学生端操作界面的右上角显示系统公告"媒体广告招标圆满结束"，如图 A-19 所示。

图A-18　裁判控制下的结束媒体招标操作

（5）教师可进行"企业运营"操作。

操作步骤如下所述。

步骤一：单击窗口左侧"经营控制"下的"裁判控制"。

步骤二：单击"开始运营"按钮，如图 A-19 所示。系统将根据预先设定好的经营时间，开启倒计时，系统会在教师端和学生端操作界面的右上角显示系统公告"本季度经营进行中"及"倒计时"提示，如图 A-20 所示。教师也可以在此根据实际教学需要修改预先设定好的经营时间。

图A-19　裁判控制下的开始运营操作

如果计时没有结束，出现个别小组系统卡顿、意外退出系统、电脑断电、经营者个人身体原因等突发情况需要暂停计时，教师可以单击"暂停计时"按钮，暂停本季度经营倒计时，如图 A-20 所示。之后系统会在教师端和学生端操作界面的右上角显示系统公告"本季度经营进行中"及"暂停计时"提示，如图 A-21 所示。

图A-20　裁判控制下的暂停计时操作

如意外情况解除，教师可以单击"继续计时"按钮恢复本季度经营倒计时，如图 A-21 所示。之后系统会在教师端和学生端操作界面的右上角显示系统公告"恢复计时"及"倒计时"提示，如图 A-22 所示。

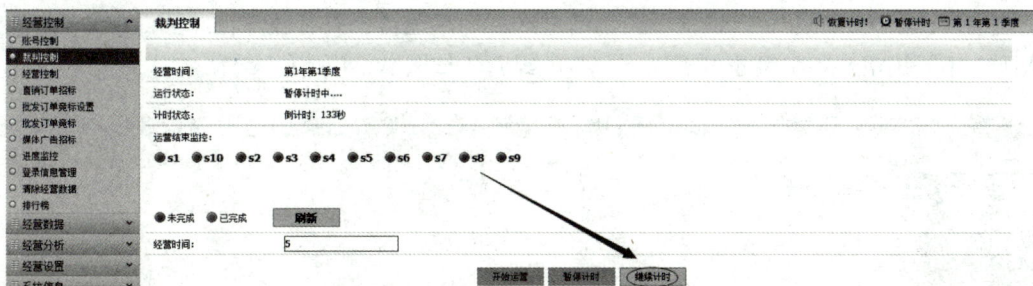

图A-21　裁判控制下的继续计时操作

步骤三：教师可在运营结束监控查看各小组的运营结束状态，绿色代表已经递交，灰色代表尚未递交。计时结束，教师单击"开始媒体招标"按钮，系统进入下一季度媒体招标环节。系统会在教师端和学生端操作界面的右上角显示系统公告"媒体广告火热进行中"，如图 A-22、图 A-23 所示。

图A-22　裁判控制下的下一季度开始媒体招标计时操作1

图A-23　裁判控制下的下一季度开始媒体招标计时操作2

之后，就是结束第二季度的媒体招标，开始第二季度企业运营，第二季度运营结束，进入第三季度媒体招标环节；结束第三季度的媒体招标，开始第三季度企业运营，第三季度运营结束，进入第四季度媒体招标环节；结束第四季度的媒体招标，开始第四季度企业运营，第四季度运营结束，进入下一年经营。年复一年，循环裁判控制里的所有控制操作。

教师在指导学生市场营销沙盘经营初期，不建议采用"裁判控制"模式来开展教学，建议用以下几种分段、分步控制的方式来掌控学生学习市场营销沙盘操作的进度。

3. 经营控制

只有教师端单击"经营控制"页面下的"开始经营"按钮后，各小组才可登录小组账号进行企业经营；每一年结束后，系统不会自动进入下一年经营，只有教师在此页面中单击"允许进入下一年"按钮，各小组才可进入下一年的经营，如图 A-24 所示。

图A-24　经营控制

4. 直销订单招标

操作步骤如下所述。

步骤一：单击"经营控制"菜单下的"直销订单招标"选项。

步骤二：单击"开始招标"按钮，如图 A-25 所示。系统将根据预先设定好的投标时间，开启倒计时，并在教师端和学生端操作界面的右上角显示系统公告"直销招标火热进行中"及"倒计时"提示。教师也可以在此根据实际教学需要修改预先设定好的预计投标时间。

图A-25　直销订单招标

如果计时没有结束，出现个别小组系统卡顿、意外退出系统、电脑断电、经营者个人身体原因等突发情况需要暂停计时，教师可以单击"经营控制"下的"裁判控制"暂停直销订单招标倒计时，系统会在教师端和学生端操作界面的右上角显示系统公告"直销招标火热进行中"及"暂停计时"提示。如果意外情况解除，教师可以单击"经营控制"下的"裁判控制"恢复直销订单招标倒计时，系统会在教师端和学生端操作界面的右上角显示系统公告"恢复计时"及"倒计时"提示。

步骤三：计时结束，教师单击"结束招标"按钮，直销订单招标环节操作结束。若计时没结束但投标监控区指示灯提示各小组都已提交（查看各小组的直销投标状态，绿色代表已经递交，灰色代表尚未递交）也可以提前结束投标，系统会在教师端和学生端操作界面的右上角显示系统公告"直销招标圆满结束"提示。

结束后，可在"直销订单信息"区查看订单信息，在"直销客户投标方案"区查看小组投标方案。

5. 批发订单竞标设置

批发订单竞标设置可以对批发订单竞标时的每个小组选单时间进行相关设置。第一年系统默认每轮选单时间为 60 秒 / 组，第二、第三年系统默认每轮选单时间为 90 秒 / 组，教师可以根据学生对市场营销沙盘的掌握程度调整选单时间，如图 A-26 所示进行设置。

图A-26　批发订单竞标设置

6. 批发订单招标

操作步骤如下所述。

步骤一：单击窗口左侧"经营控制"下的"批发订单招标"项。

步骤二：选中"预计招商广告时间"文本框进行设置，如图 A-27 所示。系统将根据设定好的招商广告时间开启倒计时，系统会在教师端和学生端操作界面的右上角显示系统公告"批发招商广告火热进行中"及"倒计时"提示，如图 A-28 所示。教师也可以在此根据实际教学需要修改预先设定好的招商广告时间。

图A-27　预计招商广告计时操作1

图A-28　预计招商广告计时操作2

如果计时没有结束，出现个别小组系统卡顿、意外退出系统、电脑断电、经营者个人身体原因等突发情况需要暂停计时，教师可以单击"经营控制"下的"裁判控制"单击"暂时计时"按钮，暂停招商广告倒计时，系统会在教师端和学生端操作界面的右上角显示系统公告"招商广告火热进行中"及"暂停计时"提示。如果意外情况解除，教师可以单击"经营控制"下的"裁判控制"后，单击"继续计时"按钮，恢复招商广告倒计时，系统会在教师端和学生端操作界面的右上角显示系统公告"恢复计时"及"倒计时"提示。

步骤三：教师可在招商广告监控查看各小组的招商广告投标状态，绿色代表已经递交，灰色代表尚未递交。计时结束，教师单击"开始选单"按钮，如图 A-28 所示，批发订单竞标环节操作开始，教师也可以在此根据实际教学需要修改预先设定好的选单循环时间。系统会在教师端和学生端操作界面的右上角显示系统公告"批发商竞标火热进行中……"，如图 A-29 所示。

图A-29　开始选单

教师端单击"开始选单"按钮后，系统根据各小组投放广告情况按照循环选单的方式进行选单，系统自动控制各小组的选单时间，如果某小组在规定时间内没有选单，系统会自动跳过该小组轮到下一个小组选单，直到所有区域竞标结束后教师端单击"结束选单"按钮，如图 A-30 所示。在"指示区"可看到各区域竞标详情，单击"签约信息"按钮可以查看各个小组的竞单结果，如图 A-31 所示。

图A-30　结束选单

图A-31　签约信息

7. 媒体广告招标

操作步骤如下所述。

步骤一：单击窗口左侧"经营控制"下的"媒体广告招标"项。

步骤二：单击"开始招标"按钮。系统根据预先设定好的媒体招标时间开启倒计时，系统会在教师端和学生端操作界面的右上角显示系统公告"媒体广告招标火热进行中"及"倒计时"提示。教师也可以在此根据实际教学需要修改预先设定好的媒体招标时间。

如果计时没有结束，出现个别小组系统卡顿、意外退出系统、电脑断电、经营者个人身体原因等突发情况需要暂停计时，教师可以单击"经营控制"下的"裁判控制"后，单击"暂停计时"按钮，暂停媒体广告投标倒计时，系统会在教师端和学生端操作界面的右上角显示系统公告"媒体广告招标火热进行中"及"暂停计时"提示。如果意外情况解除，教师可以单击"经营控制"下的"裁判控制"，再单击"继续计时"按钮，恢复媒体广告投标倒计时，系统将在教师端和学生端操作界面的右上角显示系统公告"恢复计时"及"倒计时"提示。

步骤三：教师可在媒体广告招标监控信息处查看各小组的媒体广告投标状态，绿色代表已经递交，灰色代表尚未递交。计时结束，教师单击"结束招标"按钮，媒体广告招标环节操作结束。系统将在教师端和学生端操作界面的右上角显示系统公告"媒体广告招标圆满结束"。

媒体广告监控功能说明："监控信息"区可查看各小组媒体广告投放进度，"媒体位置或时段价格表"区可查看各媒体详细的相关参数，"媒体广告投标方案"区可以查看各小组媒体投标的情况，如图 A-32 所示。

图A-32　媒体广告招标

8. 进度监控

本功能模块可以监控到所有小组的经营进度，绿色代表已经操作完成，灰色代表尚未操作，如图 A-33 所示。

图A-33　进度监控

9. 登录信息管理

本功能模块可以清除经营者的缓存数据，踢出登录经营者，也可以查看登录小组的 IP 地址，如图 A-34 所示。

图A-34　登录信息管理

10. 清除经营数据

每一次经营后，各小组的经营数据是自动保存在服务器端的，再次登录时可看到之前的经营状态，"初始化数据"用来清除以往的经营数据，方便反复训练，如图 A-35 所示。

图A-35　清除经营数据

11. 排行榜

本功能模块可以查询各小组经营的得分排行榜、净利润排行榜、资产总计排行榜，如图 A-36、图 A-37、图 A-38 所示。

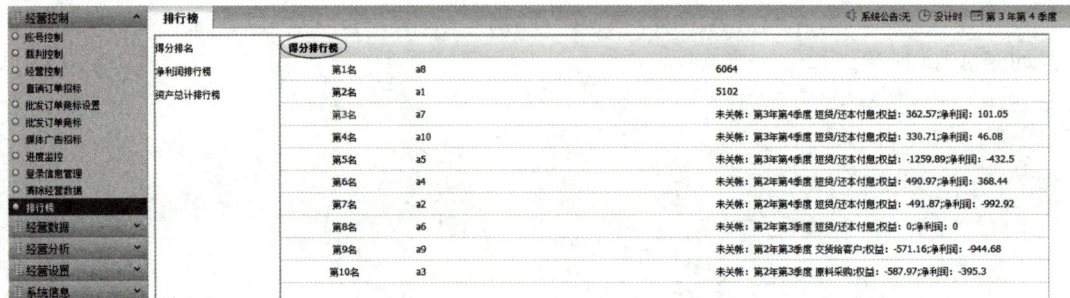

图A-36　得分排行榜

图A-37 净利润排行榜

图A-38 资产总计排行榜

四、经营数据

1. 现金流量表

教师端现金流量表是对各小组现金流量表的汇总，方便教师查看各小组经营的现金流动情况并对各小组经营进行分析，如图 A-39 所示。

图A-39 现金流量表

2. 财务报表汇总

教师端财务报表汇总是对各小组财务报表的汇总，方便教师查看各小组经营数据并对各小组经营进行分析，如图 A-40 所示。

图A-40　财务报表汇总

3. 直销中标信息

本功能模块可以查看各小组的订单中标情况，如图 A-41 所示。

图A-41　直销中标信息

4. 招商广告信息

本功能模块可以查看各小组的广告投放情况，如图 A-42 所示。

图A-42　招商广告信息

5. 批发订单信息

本功能模块可以查询各个年度各小组渠道订单情况，如图 A-43 所示。

图A-43　批发订单信息

6. 媒体中标信息

本功能模块可以查询各小组媒体中标情况，是对媒体中标信息的统计和汇总，如图 A-44 所示。

图A-44　媒体中标信息

7. 零售订单信息

本功能模块可以查询各小组零售商销售情况，方便教师对各小组经营进行分析和点评，如图 A-45 所示。

图A-45　零售订单信息

8. 各组经营成绩

本功能模块可以查询各小组经营的成绩，如图 A-46 所示。

图A-46　各组经营成绩

9. 各组成绩对比图

本功能模块可以查询各小组经营成绩的对比柱状图，如图 A-47 所示。

图A-47　各组成绩对比图

五、经营分析

1. 市场预测分析

可以帮助经营者分析市场情况，主要分析某个市场／某个产品的生命周期、价格走势、每季度的基本需求数量，帮助经营者定向分析这个产品的利润空间，如图 A-48 所示。

2. 经营趋势分析

系统通过各个小组每一年的经营数据进行分析，最终得出各个小组的经营趋势走向图，总体反映经营者的经营走势，如图 A-49 所示。

3. 市场占有率

系统记录各小组市场销售情况，以饼状图的形式表达出各市场销售情况。这个地方是分析点评的重点，分析各个小组的销售群体定位和各个人群中的比重，分析各个小组的优势和劣势，点评分析市场占有率高的策略优势在什么地方，也可以定向分析各个小组在每期的销售情况对比，如图 A-50 所示。

图A-48　市场预测分析

图A-49　经营趋势分析

图A-50　市场占有率示例

4. 营业成本效益

本功能模块可以查询各小组营业成本效益的柱状图，可以分为汇总效益分析、年效益分析和成本分摊分析，示例如图 A-51 所示。

汇总效益分析计算方法为：营业收入 / 营业成本。柱状图越高说明该小组的效益越好，成本控制得越好。

图A-51　营业成本效益（三年汇总）示例

成本分摊分析计算方法为：营业成本 / 营业收入。柱状图越短说明该小组的经营的利润空间越大，小组的回报率越高，如图 A-52 所示。

图A-52　成本分摊分析（三年汇总）示例

5. 间接成本效益

本功能模块可以查询各小组间接成本效益的柱状图，可以分为汇总效益分析、年效益分析和成本分摊分析，示例如图 A-53 所示。

效益分析计算方式：营业收入 / 间接成本。柱状图越高说明该小组的效益越好，成本控制得越好。

图A-53　间接成本效益（三年汇总）示例

成本分摊分析计算方式：间接成本／营业收入。柱状图越短说明该小组经营的利润空间越大，回报率越高，如图 A-54 所示。

图A-54　间接成本分摊分析（3年汇总）示例

6. 租赁费效益分析

本功能模块可以查询各小组企业租赁费分析的柱状图，可以分为汇总效益分析、年效益分析和成本分摊分析，示例如图 A-55 所示。

效益分析计算方式：营业收入／厂房租金。柱状图越高说明该小组的效益越好，成本控制得越好。

成本分摊分析计算方式：厂房租金／营业收入。柱状图越短说明该小组经营的利润空间越大，回报率越高，如图 A-56 所示。

图A-55　租赁费效益分析

图A-56　租赁费成本分摊分析

7. 维修费效益分析

本功能模块可以查询各小组维修费效益分析的柱状图，可以分为汇总效益分析、年效益分析和成本分摊分析，如图 A-57 所示。

效益分析计算方式：营业收入 / 维修费。柱状图越高说明该小组的效益越好，成本控制得越好。

成本分摊分析计算方式：维修费 / 营业收入。柱状图越短说明该小组的经营的利润空间越大，小组的回报率越高，如图 A-58 所示。

图A-57　维修费效益分析

图A-58　维修费成本分摊分析

8. 转产费效益分析

　　本功能模块可以查询各小组转产费效益分析的柱状图，可以分为汇总效益分析、年效益分析和成本分摊分析，如图 A-59 所示。

　　效益分析计算方式：营业收入 / 转产费。柱状图越高说明该小组的效益越好，成本控制得越好。

图A-59　转产费效益分析

　　成本分摊分析计算方式：转产费／营业收入。柱状图越短说明该小组的经营的利润空间越大，小组的回报率越高，如图 A-60 所示。

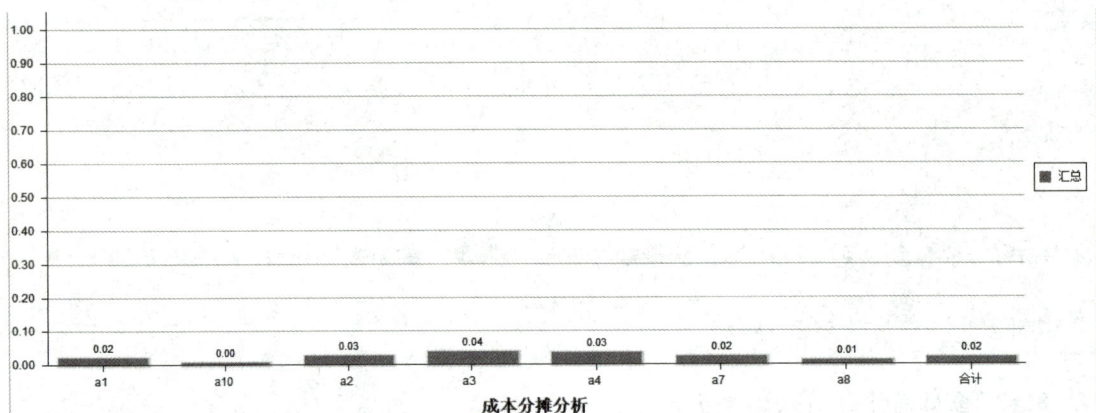

图A-60　转产费成本分摊分析

9. 库存管理费效益分析

　　本功能模块可以查询各小组库存管理费效益分析的柱状图，可以分为汇总效益分析、年效益分析和成本分摊分析，如图 A-61 所示。

　　效益分析计算方式：营业收入／库存管理费。柱状图越高说明该小组的效益越好，成本控制得越好。

图A-61　库存管理费效益分析

成本分摊分析计算方式：库存管理费／营业收入。柱状图越短说明该小组的经营的利润空间越大，小组的回报率越高，如图 A-62 所示。

图A-62　库存管理费成本分摊分析

10. 零售商管理费效益分析

本功能模块可以查询各小组零售商管理费效益分析的柱状图，可以分为汇总效益分析、年效益分析和成本分摊分析，如图 A-63 所示。

效益分析计算方式：营业收入／零售商管理费。柱状图越高说明该小组的效益越好，成本控制得越好。

图A-63　零售商管理费效益分析

成本分摊分析计算方式：零售商管理费／营业收入。柱状图越短说明该小组的经营的利润空间越大，小组的回报率越高，如图 A-64 所示。

图A-64　零售商管理费成本分摊分析

11. 行政管理费效益分析

本功能模块可以查询各小组行政管理费效益分析的柱状图，可以分为汇总效益分析、年效益分析和成本分摊分析，如图 A-65 所示。

效益分析计算方式：营业收入／行政管理费。柱状图越高说明该小组的效益越好，成本控制得越好。

图A-65　行政管理费效益分析

成本分摊分析计算方式：行政管理费／营业收入。柱状图越短说明该小组的经营的利润空间越大，小组的回报率越高，如图 A-66 所示。

图A-66　行政管理费成本分摊分析

12.贴现利息效益分析

本功能模块可以查询各小组贴现利息效益分析的柱状图，可以分为汇总效益分析、年效益分析和成本分摊分析，如图 A-67 所示。

效益分析计算方式：营业收入／贴现利息。柱状图越高说明该小组的效益越好，成本控制得越好。

图A-67　贴现利息效益分析

　　成本分摊分析计算方式：贴现利息／营业收入。柱状图越短说明该小组的经营的利润空间越大，小组的回报率越高，如图 A-68 所示。

图A-68　贴现利息成本分摊分析

13.市场品牌分析

　　本功能模块可以查询各小组市场品牌分析的柱状图，如图 A-69 所示。

　　效益分析计算方式：营业收入∕（市场开拓 +ISO 认证）。柱状图越高说明该小组的效益越好，成本控制得越好。

图A-69　市场品牌分析

成本分摊分析计算方式:(市场开拓 +ISO 认证)/ 营业收入。柱状图越短说明该小组的经营的利润空间越大,小组的回报率越高,如图 A-70 所示。

图A-70　市场品牌成本分摊分析

14. 产品盈利分析

每个组的各项费用汇总效益对比图,可以更好地分析各种费用和营业收入的关系,如图 A-71 所示。

图A-71　产品盈利分析

15. 广告效益分析

本功能模块可以查询各小组广告效益分析的柱状图，可以分为汇总效益分析、年效益分析和成本分摊分析，如图 A-72 所示。

效益分析计算方式：营业收入 / 广告费用。柱状图越高说明该小组的效益越好，成本控制得越好。

图A-72　广告效益分析

成本分摊分析计算方式：广告费用 / 营业收入。柱状图越短说明该小组的经营的利润空间越大，小组的回报率越高，如图 A-73 所示。

图A-73　广告效益成本分摊分析

16. 安定力分析

本功能模块可以查询各小组安定力分析图，可以分为固定资产长期适配率分析、流动比率趋势分析、速动比率趋势分析和资产负债率趋势分析，如图 A-74 所示。

图A-74　安定力分析

17. 收益力分析

本功能模块可以查询各小组收益力分析图，可以分为净利润率趋势分析、权益报酬（ROE）收益趋势分析、资产报酬率（ROA）趋势分析和资产周转率趋势分析，如图 A-75 所示。

图A-75　收益力分析

18. 人均利润分析

本功能模块可以查询各小组人均利润分析图，可以分为人均净利润趋势分析和人均营业收入趋势分析，如图 A-76 所示。

图A-76　人均利润分析

19. 成长力分析

本功能模块可以查询各小组成长力分析图，可以分为销售成长率分析、净利润成长率分析和权益成长率分析，如图 A-77 所示。

图A-77　成长力分析

20. 活动力分析

本功能模块可以查询各小组活动力分析图，可以分为非流动资产合计周转率分析、应收账款周转率分析和资产总计周转率分析，如图 A-78 所示。

图A-78　活动力分析

21. 驾驶舱

本功能模块可以查询各小组活动力驾驶舱分析图，可以分为当前现金、负债率和当前库存；累计营业收入成本、人均利润率和营业收入，如图 A-79 所示。

图A-79　驾驶舱

22. 杜邦分析

本功能模块可以查询各小组杜邦分析图，如图 A-80 所示。

图A-80　杜邦分析

六、经营设置

1. 数据库管理

本功能模块可以初始化数据、备份数据、还原数据和删除数据库，如图 A-81 所示。

图A-81 数据库管理

2. 学生管理

可以自由添加学生账号。可逐一添加，也可批量添加经营者，并可以进行增、删、改、查的操作，如图 A-82 所示。

图A-82 学生管理

3. 原料库存费管理

本功能模块可以添加、修改、查看和删除原料库存费数据，如图 A-83 所示。教师可以在教学初期降低原料库存费率，从而降低学生运营难度；也可以在后期增加原料库存费率，以提高经营难度。

图A-83 原料库存费管理

4. 成品库存费管理

本功能模块可以添加、修改、查看和删除成品库存费数据，如图 A-84 所示。教师可以在教学初期降低成品库存费率，从而降低学生运营难度；也可以在后期增加成品库存费率，以提高经营难度。

图A-84　成品库存费管理

5. 系统期初设置

本功能模块可以自由调整经营过程中的基础数据，让系统自由化，从而降低或增加学生的经营难度，如图 A-85 所示。

图A-85　系统期初设置

生产线折旧率：	0.33
厂房折旧率：	0
变卖厂房收款账期(季度)：	4
变卖生产线收款账期(季度)：	0
交货违约金比例：	0.25
客户开发费：	5
保证金比例：	0.1

设　置

图A-85　系统期初设置（续）

6. 操作权限设置

本功能模块可以根据教学需要设置相应的特殊任务，如图 A-86 所示。学生在经营过程中，教师应务必保证"允许单人操作"选项被选中，否则学生端将无法操作市场营销沙盘系统。

操作权限设置

经营控制
经营数据
经营分析
经营设置
　数据库管理
　学生管理
　原料库存费管理
　成品库存费管理
　配送费用管理
　系统期初设置
　操作权限设置
系统信息

☐ 允许提示现金收支信息
☐ 允许单人操作
☐ 允许追加股东投资
☐ 允许长短货共享额度
☐ 生产线搬迁
☐ 厂房租转买
☐ 紧急采购

设　置

图A-86　操作权限设置